LA MÉTROMANIE,
COMÉDIE.

Représentée pour la premiere fois par les Comédiens François, le 10 Janvier 1738.

Par M. PIRON.

Nouvelle Édition, conforme à la représentation.

A PARIS,

Chez la Veuve DUCHESNE, Libraire, rue Saint-Jacques, au Temple du Goût.

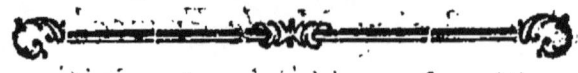

M. DCC. LXIX.
Avec Approbation & Privilége du Roi.

PERSONNAGES.

FRANCALEU, *Pere de Lucile.*

BALIVEAU, *Capitoul, Oncle de Damis.*

DAMIS, *Poëte.*

DORANTE, *Amant de Lucile.*

MONDOR, *Valet de Damis.*

LUCILE, *Fille de Francaleu.*

LISETTE, *Suivante de Lucile.*

UN LAQUAIS *de Francaleu.*

La Scène est chez M. de Francaleu, dans les Jardins d'une Maison de plaisance aux Portes de Paris.

LA MÉTROMANIE,
COMÉDIE.

ACTE PREMIER.
SCENE PREMIERE.
LISETTE, MONDOR.

MONDOR.

Cette maison des champs me paroît un bon gîte:
Je voudrois bien ne pas en décamper si vîte;
Sur-tout m'y retrouvant avec tes yeux frippons,
Auprès de qui, pour moi, tous les gîtes sont bons.
Mais, de mon Maître ici n'ayant point de nouvelles,
Il faut que je revole à Paris.

LISETTE.

Tu l'appelles?

MONDOR.
Damis. Le connois-tu ?
LISETTE.
Non.
MONDOR.
Adieu donc.
(*Il va pour sortir.*)
LISETTE.
Adieu.
MONDOR, *revenant*.
On m'a pourtant bien dit « chez Monsieur Francaleu. »
LISETTE.
C'est ici.
MONDOR.
Vous jouez, chez vous, la Comédie ?
LISETTE.
Témoin ce rôle encor qu'il faut que j'étudie.
MONDOR.
Le Patron n'a-t-il pas une fille unique ?
LISETTE.
Oui.
MONDOR.
Et qui sort du Couvent depuis peu ?
LISETTE.
D'aujourd'hui.
MONDOR.
Vivement recherchée ?
LISETTE.
Et très-digne de l'être.
MONDOR.
Et vous avez grand monde ?

COMÉDIE.

LISETTE.
A ne pas nous connoître.
MONDOR.
Illumination, bal, concert?
LISETTE.
Tout cela.
MONDOR.
Fête & chere splendide?
LISETTE.
Il est vrai.
MONDOR.
M'y voilà.
Damis doit être ici ; chaque mot me le prouve :
Quand le diable en seroit, il faut que je l'y trouve,
LISETTE.
Sa mine? Ses habits? Son état? Sa façon?
MONDOR.
Oh ! c'est ce qui n'est pas facile à peindre, non :
Car, selon la pensée où son esprit se plonge,
Sa face, à chaque instant, s'élargit ou s'alonge.
Il se néglige trop, ou se pare à l'excès.
D'état, il n'en a point, il n'en aura jamais.
C'est un homme isolé qui vit en volontaire;
Qui n'est Bourgeois, Abbé, Robin, ni Militaire;
Qui va, vient, veille, sue, &, se tourmentant bien,
Travaille nuit & jour, & ne fait jamais rien :
Au surplus, rassemblant, dans sa seule personne,
Plusieurs originaux qu'au Théâtre on nous donne ;
Misantrope, Étourdi, Complaisant, Glorieux,
Distrait .... ce dernier-ci le désigne le mieux.
Tenez, s'il est ici, je gage mes oreilles
Qu'il est dans quelque allée, à bayer aux corneilles,

S'approchant, pas-à-pas, d'un fossé qui l'attend,
Et qu'il n'appercevra qu'en s'y précipitant.
LISETTE.
Mais,... mais je m'oriente au portrait que vous faites.
N'est-ce pas de ces gens que l'on nomme Poëtes?
MONDOR.
Oui.
LISETTE.
Nous en avons un.
MONDOR.
   C'est lui.
LISETTE.
      Peut-être bien.
MONDOR.
Quoi donc?
LISETTE.
  Le Personnage, en tout, ressemble au sien;
Sinon que ce n'est pas Damis que l'on le nomme.
MONDOR.
Contente-moi, n'importe; & montre-moi cet homme.
LISETTE.
Cherche; il est à rêver là-bas, dans ces bosquets:
Mais vas-y seul; on vient, & je crains les caquets.

SCENE II.
LISETTE, DORANTE.

LISETTE.

Dorante ici ! Dorante !

DORANTE.

Ah Lisette ! ah ma Belle !
Que je t'embrasse. Hé bien ! dis moi donc la nouvelle ;
Félicite-moi donc. Quel plaisir ! l'heureux jour !
Que ce jour a tardé long-tems à mon amour !
De la chose, avant moi, tu dois être avertie.
Que ne me dis-tu donc que Lucile est sortie
Du Couvent ?... que je puis... conçois-tu ?.. Baise-moi.

LISETTE.

Mais vous n'êtes pas sage, en vérité.

DORANTE.

Pourquoi ?

LISETTE.

Si Monsieur vous trouvoit. Songez donc où vous êtes.
Y pensez-vous, d'oser venir, comme vous faites,
Chez un homme avec qui votre Pere en procès....

DORANTE.

Bon ! m'a t-il jamais vu ni de loin ni de près ?
Je vois le Parc ouvert : j'entre.

LISETTE.

Vous le dirai-je ?
Eussiez-vous cent fois plus d'audace & de manége,
Lucile même à nous daignât-elle s'unir,
Je ne sais trop comment vous pourrez l'obtenir.

A iv

DORANTE.

Oh! je le fais bien, moi. Mon Pere m'idolâtre :
Il n'a que moi d'Enfant : je suis opiniâtre :
Je le veux, qu'il le veuille; autrement (j'ai des mœurs)
Je ne lui manque point; mais je fais pis. Je meurs.

LISETTE.

Mais si le grand procès qu'il a`...

DORANTE.
       Qu'il y renonce.
Le Pere de Lucile a gagné, Je prononce.

LISETTE.

Mais si votre Pere ose en appeller ?

DORANTE.
        Jamais.

LISETTE.

Mais si....

DORANTE.
  Finis, de grace ; & laisse-là tes *mais*.

LISETTE.

Mais croyez-vous n'avoir à craindre ici qu'un Pere ?
Le nôtre y voudra-t-il consentir ?

DORANTE.
       Je l'espere.

LISETTE.

C'est un vieillard têtu.

DORANTE.
     C'est ce qu'il te plaira.

LISETTE.

Il a choisi son monde.

COMÉDIE.
DORANTE.
Il le congédiera.
LISETTE.
Lucile est un parti....
DORANTE.
Je suis bon pour Lucile.
LISETTE.
Elle a cent mille écus.
DORANTE.
J'en aurai deux cent mille.
LISETTE.
Mais vous aimera-t-elle ?
DORANTE.
Ah ! laisse-là ta peur,
Quand je t'en vois douter, tu me perces le cœur.
LISETTE.
Je vous l'ai dit cent fois ; c'est une nonchalante
Qui s'abandonne au cours d'une vie indolente,
De l'amour d'elle-même éprise uniquement,
Incapable en cela d'aucun attachement ;
Une Idole du Nord, une froide Femelle,
Qui voudroit qu'on parlât, que l'on pensât pour elle ;
Et, sans agir, sentir, craindre, ni desirer,
N'avoir que l'embarras d'être & de respirer.
Et vous voulez qu'elle aime ? Elle avoir une intrigue !
Y songez-vous, Monsieur ? Fi donc ; cela fatigue.
Voyez, depuis un mois que le cœur vous en dit,
Si votre amour vous laisse un moment de répit.
Et c'est, ma foi, bien pis chez nous que chez les hommes.
DORANTE.
Enfin, depuis un mois, sachons où nous en sommes.

LISETTE.

Elle aime éperdument ces vers paſſionnés,
Que votre Ami compoſe, & que vous nous donnez;
Et je guette l'inſtant d'oſer dire à la Belle,
Que ces vers ſont de vous, & qu'ils ſont faits pour elle.

DORANTE.

Qu'ils ſont de moi! Mais c'eſt mentir effrontément.

LISETTE.

Hé bien! je mentirai : mais j'aurai l'agrément
D'intéreſſer pour vous l'Indifférence même.

DORANTE.

Lucile en eſt encore à ſavoir que je l'aime!
Que ne profitions-nous de la commodité
De ces vers amoureux dont ſon goût eſt flatté?
Un trait pouvoit m'y faire aiſément reconnoître;
Et, mieux que tu ne crois, m'eût réuſſi peut-être.

LISETTE.

Hé! non, vous dis-je, non. Vous auriez tout gâté,
L'indifférence incline à la ſévérité.
Il a fallu d'abord préparer toutes choſes,
De l'Empire amoureux lui déplier les roſes,
L'induire à ſe vouloir baiſſer, pour en cueillir.
D'aiſe, en liſant vos vers, je la vois treſſaillir;
Sur-tout quand un amour qui n'eſt plus guere en vogue,
Y brille ſous le titre ou d'Idyle ou d'Eglogue.
Elle n'a plus l'eſprit maintenant occupé,
Que des bords du Lignon, des vallons de Tempé,
De Bergers figurans quelques danſes légeres,
Ou, tout le jour, aſſis aux pieds de leurs Bergeres;
Et, couronnés de fleurs, au ſon du chalumeau,
Le ſoir, à pas comptés, regagnant le hameau.
  La voyant s'émouvoir à ces fades eſquiſſes,
Et de ces viſions ſavourer les délices,

J'ai cru devoir mener tout doucement son cœur,
De l'amour de l'ouvrage, à l'amour de l'Auteur.

DORANTE.
C'est une Églogue aussi qu'on lui prépare encore :
Damis se leve exprès, chez vous, avant l'aurore.

LISETTE.
Damis ?

DORANTE.
L'auteur des riens dont on fait tant de cas.
Et sa rencontre ici, tout franc, ne me plaît pas.

LISETTE.
Celui que nous nommons Monsieur de l'Empyrée ?

DORANTE.
Oui. Son talent, chez nous, lui donne aussi l'entrée.
Mon Pere en est épris jusqu'à l'aimer, je crois,
Un peu plus que ma mere, & presque autant que moi.

LISETTE.
Qu'il garde sa besogne.

DORANTE.
Ah foit ! Je l'en dispense.
Sur un pareil emprunt, tu sais comme je pense.

LISETTE.
Monsieur de Francaleu ne vous connoît pas ?

DORANTE.
Non.

LISETTE.
Faites-vous présenter à lui sous un faux nom.
Ici, l'amour des vers est un tic de famille :
Le Pere, qui les aime encor plus que la Fille,
Regarde votre Ami comme un homme divin ;
Et vous plairez d'abord, présenté de sa main.

DORANTE.
Il faut lui déguiser la raison qui m'attire.
LISETTE.
La fureur du Théâtre en est une à lui dire.
Desirez de jouer avec nous. Justement,
Quelques Acteurs nous font faux bond, en ce moment.
DORANTE.
Oui-dà, je les remplace, & je m'offre à tout faire.
LISETTE.
A la piece du jour rendez-vous nécessaire.
Et pour lors....
DORANTE.
J'apperçois Damis. Retire-toi.

SCENE III.
DORANTE, DAMIS.

DAMIS, *rêvant profondément : des tablettes à la main.*

OH ! pour le coup....
(*Il écrit sur ses Tablettes.*)
DORANTE, *l'appellant.*
Damis !...
(*S'approchant de lui, & le tirant par le bras.*)
Damis, écoutez-moi.
DAMIS.
Je suis furieux. C'est une chose cruelle !
On me heurte ; on me suit ; on m'accoste ; on m'appelle.

A la fin, je me crois en des lieux bien déserts ;
J'y cherche un mot, je l'ai ; je vous vois, je le perds ;
Et je ne finis rien.

DORANTE.

Il s'agit d'autre chose.
Mon amour se restreint désormais à la prose,
Non que je ne ressente, ainsi que je le dois,
Le zele avec lequel vous agissez pour moi ;
La bonté que, ce jour encor, vous avez eue :
J'ai regret à la peine...

DAMIS.

Elle n'est pas perdue,
Mes vers, sans aller loin, sauront où se placer ;
Et l'on a, pour son compte, à qui les adresser.

DORANTE, *avec émotion.*

Ah ! vous aimez ?

DAMIS.

Qui donc aimeroit, je vous prie ?
La sensibilité fait tout notre génie.
Le cœur d'un vrai Poëte est prompt à s'allumer ;
Et l'on ne l'est, qu'autant que l'on sait bien aimer.

DORANTE, *bas, à part.*

(*Haut.*)
Je le crois mon rival. Quelle est votre Bergere ?

DAMIS.

De la vôtre, pour moi, le nom fut un mystere ;
Que celui de la mienne en puisse être un pour vous.

DORANTE.

Et votre sort, Monsieur, sans doute...

DAMIS.

Est des plus doux.

DORANTE.
Je suis encor bien loin d'en pouvoir autant dire.
Mais parlons d'autre chose, & ne songeons qu'à rire.
Donnez-moi, pour Acteur, à Monsieur Francaleu:
Je me sens du talent ; & je voudrois un peu,
En m'essayant chez lui, voir ce que je sais faire.
DAMIS.
Venez.
DORANTE.
Mon nom pourroit me nuire.
DAMIS.
Il faut le taire.
Vous êtes mon ami, ce titre suffira.
Écoutez seulement les Vers qu'il vous lira.
C'est un fort galant homme, excellent caractere,
Bon Ami, bon Mari, bon Citoyen, bon Pere.
Mais, à l'Humanité, si parfait que l'on fût,
Toujours, par quelque foible, on paya le tribut :
Le sien est de vouloir rimer malgré Minerve ;
De s'être, à cinquante ans, avisé de sa verve ;
Si l'on peut nommer verve, une démangeaison
Qui fait honte à la rime, ainsi qu'à la raison.
Et malheureusement ce qui vicie, abonde.
Du torrent de ses Vers, sans cesse il nous inonde.
Tout le premier, lui-même il en raille, il en rit.
Grimace ! l'Auteur perce ; il les lit, les relit,
Prétend qu'ils fassent rire ; &, pour peu qu'on en rie,
Le poignard sur la gorge, en fait prendre copie,
Rentre en fougue, s'acharne impitoyablement,
Et, charmé du flatteur, le paye en l'assommant.
DORANTE.
Oh ! je suis patient. Je veux lasser mon homme ;
Et d'éloges outrés, moi-même je l'assomme !
DAMIS.
Pour moi je meurs, je tombe, écrasé sous le faix,

COMÉDIE.
DORANTE.
Qui vous retient chez lui ?
DAMIS.
Mais, d'ailleurs, je m'y plais.
Le voici ; tout le corps me friſſonne, à l'approche
Du griffonnage affreux qu'il a toujours en poche.

SCENE IV.

DORANTE, FRANCALEU, DAMIS.

FRANCALEU, à Damis.

PESTE ſoit de ces coups où l'on ne s'attend pas !
Voilà ma Piece au diable, & mon Théâtre à bas.
DAMIS, à Francaleu.
Comment donc ?
FRANCALEU.
Trois Acteurs, l'Amant, l'Oncle, le Pere,
Manquant à point nommé, font cette belle affaire.
L'un a la fievre ; l'autre, un rhume ; & l'autre eſt mort.
C'eſt bien prendre ſon tems.
DAMIS.
Vraiment, ils ont grand tort.
Oui, oui, les trois Sujets étoient bons ; c'eſt dommage.
FRANCALEU.
Quelle ſérénité ! Savez-vous, quand j'enrage,
Que j'enrage encor plus, ſi l'on n'enrage auſſi ?
DAMIS.
C'eſt que je vois, Monſieur, bon remede à ceci.

Le rôle des Vieillards n'est pas de longue haleine ;
Les deux premiers venus le rempliront sans peine.

FRANCALEU.

Et l'Amant ?

DAMIS, *présentant Dorante.*

Mon Ami s'en acquitte à ravir.

DORANTE, à Francaleu

Vous me voyez, Monsieur, tout prêt à vous servir.

FRANCALEU, à Dorante.

Mille graces, Monsieur, d'une faveur pareille.
Vous ferez, je le vois, l'amoureux à merveille.
Mais il s'agit ici d'un Amant maltraité ;
Et, peut-être, Monsieur ne l'a jamais été.
Or il faut, quelque loin qu'un talent puisse atteindre,
Éprouver pour sentir, & sentir pour bien feindre.

DAMIS, *avec un rire malin.*

Aussi n'ira-t-il pas se chercher en autrui.
Le rôle qu'il accepte est modelé sur lui.
Le pauvre Garçon meurt, meurt pour une Inhumaine,
Sans oser déclarer son amoureuse peine ;
De façon qu'il en est encore à s'aviser,
Quand, peut-être, quelqu'autre est tout prêt d'épouser.

DORANTE, *outré.*

Ma situation, sans doute, est peu commune ;
Et je sens, en effet, toute mon infortune.

FRANCALEU.

Bon, tant mieux. Vous voilà selon notre desir.
Venez ; &, croyez-moi, vous aurez du plaisir.

(*Il sort & emmene Dorante.*)

SCENE V.
DAMIS, *seul*.

J'AI beau le voir parti : je ne m'en crois pas quitte.
Mais, grace à l'embarras qui l'occupe & l'agite,
Sain & sauf, une fois, j'échappe à mon bourreau.

SCENE VI.
FRANCALEU, DAMIS.

FRANCALEU, *revenant*.

ATTENDEZ-VOUS à voir quelque chose de beau.
J'acheve de brocher une Piece en six Actes.
La rime & la raison n'y sont pas trop exactes ;
Mais j'en apprête mieux à rire à mes dépens.
(*Il sort*)

SCENE VII.
DAMIS.

ET je n'armerois pas contre ce guet-à-pens ?
Ce devroit être fait. Qu'il reste à sa campagne,
Ou me vienne chercher au fond de la Bretagne :
L'Amour m'y tend les bras. Mon cœur m'a devancé.
C'est un nœud que, de loin, l'esprit a commencé ;
Il est tems que la vue & l'acheve & le serre.
Partons.

SCENE VIII.
DAMIS, MONDOR.
MONDOR.

Ah! grace au Ciel, enfin je vous déterre !
(Il remet une lettre à Damis)
Je vous cherche, Monsieur, depuis huit jours entiers;
Et de Paris cent fois j'ai fait tous les quartiers.
J'ai craint, au bord de l'eau, vos visions cornues ;
Que, cherchant quelque rime, & lisant dans les nues,
Vous n'eussiez, à vos pieds, de faux pas en faux pas,
Trouvé quelque impromptu que vous ne cherchiez pas.

DAMIS, *resserrant la lettre qu'il a lue.*
Oh, oh! bon gré, malgré, voici qui me retarde.

MONDOR.
Écoutez donc, Monsieur; ma foi, prenez-y garde.
Un beau jour....

DAMIS.
Un beau jour, ne te tairas-tu point ?

MONDOR.
A votre aise. Après tout, liberté sur ce point.
Enfin quelqu'un m'a dit qu'ici vous pouviez être :
Mais personne, Monsieur, ne veut vous y connoître ;
Et, dans ce vaste enclos, que j'ai tout parcouru,
Je vous manquois encor, si vous n'eussiez paru.

DAMIS.
De mes Admirateurs tout cet enclos fourmille :
Mais tu m'as demandé par mon nom de famille ?

COMÉDIE.

MONDOR.
Sans doute. Comment donc aurois-je interrogé ?

DAMIS.
Je n'ai plus ce nom-là.

MONDOR.
Vous en avez changé ?

DAMIS.
Le beau titre à garder que le nom de ses peres !
C'en est un sous lequel on ne s'illustre gueres,
Et je vois que, par tout, c'est l'usage commun,
De prendre un nom de Terre, ou de s'en forger un.

MONDOR.
Votre nom maintenant c'est donc ?

DAMIS.
De l'Empyrée :
Et j'en oserois bien garantir la durée.

MONDOR.
De l'Empyrée ? Oui-dà ! vous voilà grand Terrien.
L'espace est vaste ; aussi vous y perdez-vous bien.
Mais quand l'esprit là haut va seul à sa campagne,
Que le corps, ici bas, souffre qu'on l'accompagne.

DAMIS.
Et crois-tu donc qu'un homme à talens, tel que moi,
Puisse régler sa marche, & disposer de soi ?
Les gens de mon espece ont le destin des Belles ;
Tout le monde voudroit nous posséder comme elles.
Près de rentrer chez moi, j'allois à pas comptés ;
Un carrosse, tout court, s'arrête à mes côtés :
La portiere entr'ouverte, on m'appelle ; je monte ;
Et, quand j'en veux descendre ensuite, on n'en tient compte :
J'ai beau dire, on s'en moque : &, toujours disputant,

De six jeunes chevaux l'attelage éclatant
Me roule, en un quart-d'heure, à ce lieu de plaisance,
Où je ris, chante & bois ; le tout, par complaisance.

MONDOR.

Par complaisance, soit. Mais vous ne savez pas ?

DAMIS.

Et quoi ?

MONDOR.

Pendant qu'aux Champs vous prenez vos ébats,
La fortune, à la Ville, en est un peu jalouse.
Monsieur Baliveau....

DAMIS.

Hein ?

MONDOR.

Votre Oncle de Toulouse...

DAMIS.

Après ?

MONDOR.

Est à Paris....

DAMIS.

Qu'il y reste.

MONDOR.

Fort bien !
Sans croire, sans vouloir que vous en sachiez rien !

DAMIS.

Pourquoi donc me le dire ?

MONDOR.

Ah ! quelle indifférence ;
Et rien est-il pour vous de plus de conséquence ?
Un Oncle riche & vieux dont votre sort dépend ;
Qui, du bien qu'il vous veut, sans cesse se repent ;

COMÉDIE.

Prétendant, sur son goût, régler votre génie ;
De vos diables de vers détestant la manie ;
Et qui, depuis cinq ans bien comptés, Dieu merci,
Pour faire votre droit, nous pensionne ici !
Attendez-vous, Monsieur, à d'horribles tempêtes.
Il vient *incognito*, pour voir où vous en êtes.
Peut-être il sait déjà que, vous donnant l'essor,
Vous n'avez pris ici d'autre licence encor
Que celles qu'il craignoit, & que, dans vos rubriques,
Vous nommez, entre vous, licences poétiques
Ah ! Monsieur, redoutez son indignation.
Vous aurez encouru l'exhérédation :
Ce mot doit vous toucher, ou votre ame est bien dure.

DAMIS, *donnant tranquilement un papier à Mondor.*

Mondor, porte ces vers à l'Auteur du Mercure.

MONDOR, *le prenant.*

Beau fruit de mon sermon !

DAMIS.
      Digne du Sermonneur.

MONDOR.

Et que doit nous valoir ce papier ?

DAMIS.
        De l'honneur.

MONDOR, *secouant la tête.*

Bon ! de l'honneur !

DAMIS.
     Tu crois que je dis des sornettes ?

MONDOR.

C'est qu'on n'a point d'honneur à mal payer ses dettes;
Et qu'avec celui-ci, vous les paierez très-mal.

DAMIS.

Qu'un Valet raisonneur est un sot animal !
Eh ! fais ce qu'on te dit.

MONDOR.

     Aussi, ne vous déplaise,
Vous en parlez, Monsieur, un peu trop à votre aise.
Vous avez les plaisirs; & moi, tout l'embarras.
Vous & vos Créanciers, je vous ai sur les bras :
C'est moi qui les écoute, & qui les congédie.
Je suis las de jouer, pour vous, la comédie ;
De vous celer, d'oser remettre au lendemain,
Pour emprunter encor, avec un front d'airain.
Ma probité répugne à ces façons de vivre.
De ce monde aboyant, cherchez qui vous délivre.
Pour moi, plein désormais d'un juste repentir,
J'abandonne le rôle, & ne veux plus mentir.
Viennent Baigneur, Marchand, Tailleur, Hôte,
  Aubergiste,
Que leur Cour vous talonne, & vous suive à la piste ;
Tirez-vous-en vous seul ; & voyons une fois....

DAMIS.

Tu me rapporteras le Mercure du mois.
Entends-tu ?

MONDOR.

   Trouvez bon aussi que je revienne,
Environné des gens que je vous nomme.

DAMIS.

        Amene.

MONDOR.

Vous pensez rire ?

DAMIS.

Non.

COMÉDIE.

MONDOR.

Vous verrez.

DAMIS.

Je t'attends.

MONDOR, *sortant.*

Oh bien! vous en allez avoir le passe-tems.

DAMIS.

Et toi, celui de voir des gens comblés de joie.

MONDOR, *revenant.*

Les paierez-vous?

DAMIS.

Sans doute.

MONDOR.

Et de quelle monnoie?

DAMIS.

Ne t'embarrasse pas.

MONDOR, *à part.*

Ouais! Seroit-il en fonds?

DAMIS.

Arrangeons-nous déjà sur ce que nous devons.

MONDOR, *à part.*

Morbleu! c'est pour m'apprendre à peser mes paroles.

DAMIS.

Au Répétiteur?

MONDOR, *d'un ton radouci.*

Trente ou quarante pistoles.

DAMIS.

A la Lingere? A l'Hôte? Au Perruquier?

MONDOR.
Autant.
DAMIS.
Au Tailleur?
MONDOR.
Quatre-vingts.
DAMIS.
A l'Aubergiste?
MONDOR.
Cent.
DAMIS.
A toi?
MONDOR, *faisant d'humbles révérences.*
Monsieur....
DAMIS.
Combien?
MONDOR.
Monsieur....
DAMIS.
Parle.
MONDOR.
J'abuse....
DAMIS.
De ma patience!
MONDOR.
Oui : je vous demande excuse.
Il est vrai que.... le zele.... a manqué de.... respect ;
Mais le passé rendoit l'avenir très-suspect.
DAMIS.
Cent écus, supposons. Plus ou moins, il n'importe.
Çà, partageons les prix que dans peu je remporte.
MONDOR.

COMÉDIE.
MONDOR.
Les prix?
DAMIS.
Oui ; de l'argent, de l'or, qu'en lieux divers
La France diſtribue à qui fait mieux les vers.
A Paris, à Rouen, à Touloufe, à Marſeille ;
Je concourrai partout ; partout ferai merveille...
MONDOR.
Ah ! Si bien que Paris paiera donc le loyer ;
Rouen, le Maître en droit ; Toulouſe, le Barbier ;
Marſeille, la Lingere ; & le Diable, mes gages.
DAMIS.
Tu doutes qu'en tous lieux j'emporte les ſuffrages ?
MONDOR.
Non ; ne doutons de rien. Et, ſur un fonds meilleur,
N'hypothéquez-vous pas l'Auberge & le Tailleur ?
DAMIS.
Sans doute ; & ſur un fonds de la plus noble eſpece.
Le Théâtre François donne aujourd'hui ma Piece.
Le ſecret m'eſt gardé. Hors un Acteur & toi,
Perſonne au monde encor ne ſait qu'elle eſt de moi.
Ce ſoir même on la joue : en voici la nouvelle.
Mon talent, à l'Europe, aujourd'hui ſe révele.
Vers l'immortalité je fais les premiers pas ;
Cher ami, que pour moi ce grand jour a d'appas !
MONDOR, à part.
J'enrage.
DAMIS.
Autre bonheur : une Fille adorable,
Rare, célebre, unique, habile, incomparable...
MONDOR.
De cette Fille unique, après, qu'eſpérez-vous ?

B

DAMIS.
Aujourd'hui triomphant, demain j'en suis l'Époux.
MONDOR.
En bonne opinion, vous êtes un rare homme;
Et, sur cet oreiller, vous dormez d'un bon somme;
Mais un coup de sifflet peut vous réveiller.
DAMIS.
Pars.

L'embarras où je suis mérite un peu d'égards.
Une Piece affichée; une autre dans la tête;
Une, où je joue : une autre, à lire toute prête.
Voilà de quoi, sans doute, avoir l'esprit tendu.
MONDOR.
Dites un héritage & bien du tems perdu.

Fin du premier Acte.

ACTE II.

SCENE PREMIERE.

BALIVEAU, FRANCALEU.

BALIVEAU.

L'HEUREUX tempérament! Ma joie en est extrême.
Gai, vif, aimant à rire; enfin toujours le même.

FRANC'ALEU.

C'est que je vous revois. Oui, mon cher Baliveau,
Embrassons-nous encore; & que, tout de nouveau,
De l'ancienne amitié ce témoignage éclate.
La séparation n'est pas de fraîche date;
Convenez-en : pendant l'intervalle écoulé,
La Parque, à la sourdine, a diablement filé.
En auriez-vous l'humeur moins gaillarde & moins vive?
Pour moi, je suis de tout; Joueur, Amant, Convive;
Fréquentant, festoyant les bons Faiseurs de vers.
J'en fais même comme eux.

BALIVEAU.

Comme eux?

B ij

FRANCALEU.
Oui.
BALIVEAU.
Quel travers!
FRANCALEU.
Pas tout-à-fait comme eux; car je les fais sans peine :
Auſſi, quand je les lis, contre eux l'on ſe déchaîne.
Mais, ſous un autre nom, ma Muſe, en tapinois,
Se fait, dans le Mercure, applaudir tous les mois.
BALIVEAU.
Comment?
FRANCALEU.
J'y prends le nom d'une Baſſe-Bretonne.
Sous ce voile étranger, je ris, je plais, j'étonne;
Et le maſque femelle, agaçant le Lecteur,
De tel qui m'eût raillé, fait mon Adorateur.
BALIVEAU, *à part.*
Il eſt devenu fou.
FRANCALEU.
Liſez-vous le Mercure?
BALIVEAU.
Jamais.
FRANCALEU.
Tant pis, morbleu, tant-pis! Bonne lecture!
Liſez celui du mois; vous y verrez encor
Comme, aux dépens d'un Fou, je m'y donne l'eſſor.
Je ne ſais pas qui c'eſt; mais le Benêt s'abuſe,
Juſques-là qu'il me nomme une dixieme Muſe;
Et qu'il me veut, pour Femme, avoir abſolument.
Moi, j'ai, par un Sonnet, ripoſté galamment.
Je goûte, à ce commerce, un plaiſir incroyable.
Et vous ne trouvez pas l'aventure impayable?

COMÉDIE.

BALIVEAU.

[M]a foi, je n'aime point que vous ayez donné
[D]ans un goût pour lequel vous étiez si peu né.
[V]ous Poëte ! Hé ! bon Dieu, depuis quand ? Vous !

FRANCALEU.

Moi-même.
[J]e ne saurois vous dire au juste le quantieme.
[D]ans ma tête, un beau jour, ce talent se trouva ;
[E]t j'avois cinquante ans, quand cela m'arriva.
[E]nfin je veux, chez moi, que tout chante & tout rie.
[L]'âge avance : & le goût avec l'âge varie.
[J]e ne saurois fixer le tems ni les desirs ;
[M]ais je fixe, du moins, chez moi tous les plaisirs.
[A]ujourd'hui nous jouons une Piece excellente ;
[J]'en suis l'Auteur. Elle a pour titre : l'*Indolente*.
[R]idicule jamais ne fut si bien daubé ;
[E]t vous êtes, pour rire, on ne peut mieux tombé.

BALIVEAU.

[N]e comptez pas sur moi. J'ai quelque affaire en tête,
[Q]ui de moi ne feroit, chez vous, qu'un trouble-fête.

FRANCALEU.

[E]t quelle affaire encore ?

BALIVEAU.

Un diable de neveu
[M]e fait, par ses écarts, mourir à petit feu.
[C]'est un garçon d'esprit, d'assez belle apparence,
[D]e qui j'avois conçu la plus haute espérance ;
[J]'en fis l'unique objet d'un soin tout paternel ;
[M]ais rien ne rectifie un mauvais naturel.
[P]our achever son droit, (n'est-ce pas une honte ?)
[I]l est, depuis cinq ans, à Paris, de bon compte.
[J]'arrive : je le trouve encore au premier pas,
Endetté, vagabond, sans ce qu'on ne sait pas.
Ne pourrois-je obtenir, pour peu qu'on me seconde,

B iij

Un ordre qui le mette en lieu qui m'en réponde ?
Ne connoissant personne, & vous sachant ici,
Je venois....

FRANCALEU.
Vous aurez cet ordre.
BALIVEAU.
Grand-merci.
FRANCALEU.
Mais, plaisir pour plaisir.
BALIVEAU.
Pour vous que puis-je faire ?
FRANCALEU.
Dans la Piece du jour prendre un rôle de Pere.
BALIVEAU.
Un rôle, à moi ?
FRANCALEU.
Sans doute, à vous.
BALIVEAU.
C'est tout de bon ?
FRANCALEU.
Oui. N'êtes-vous pas bien de l'âge d'un Barbon ?
BALIVEAU.
Soit. Mais....
FRANCALEU.
Vous en avez les dehors.
BALIVEAU.
Je l'avoue.
FRANCALEU.
Assez l'humeur.
BALIVEAU.
Que trop.

COMÉDIE.

FRANCALEU.
Et, tant soit peu, la moue.

BALIVEAU.
Avec raison.

FRANCALEU.
Et puis le rôle n'est pas fort.

BALIVEAU.
Quel qu'il soit, j'y répugne.

FRANCALEU.
Il faut faire un effort.

BALIVEAU.
Hé, fi! Que diroit-on?

FRANCALEU.
Que voulez-vous qu'on dise?

BALIVEAU.
Un Capitoul!

FRANCALEU.
Hé bien?

BALIVEAU.
La gravité!

FRANCALEU.
Sottise!

BALIVEAU.
Ma noblesse, d'ailleurs!

FRANCALEU.
Vous n'êtes pas connu.

BALIVEAU.
D'accord.

FRANCALEU, *lui faisant prendre le rôle.*
Tenez, tenez.

LA MÉTROMANIE,

BALIVEAU.

Quoi ? Je ferois venu....

FRANCALEU.

Pour recevoir enfemble & rendre un bon office.

BALIVEAU.

Je vois bien qu'il faudra qu'à la fin j'obéiffe.
Vous me promettez donc que mon frippon...

FRANCALEU.

Demain
Je vous le garantis coffré de grand matin.

BALIVEAU.

Il faudra commencer par favoir où le prendre.

FRANCALEU.

Dans fon lit.

BALIVEAU.

C'eft bien dit, s'il lui plaît de s'y rendre;
Mais fon Hôte ne fait ce qu'il eft devenu.

FRANCALEU.

On faura bien l'avoir, après l'ordre obtenu.
Adieu. Car il eft tems de vous mettre à l'étude.

BALIVEAU.

Je vais donc m'enfoncer dans cette folitude;
Et là, gefticulant & braillant tout le foul,
Faire un apprentiffage, en vérité, bien fou.

SCENE II.

FRANCALEU, LISETTE.

FRANCALEU.

(*A Lisette qu'il apperçoit.*)

Moi, je fais l'Oncle. Et toi, Lisette, es-tu contente ?
Tu voulois un beau rôle ; & tu fais l'Indolente.
Reste à s'en bien tirer. Ma Fille est sous tes yeux ;
Tâche à la copier : tu ne peux faire mieux.
Le modele est parfait.

LISETTE.

N'en soyez pas en peine.
Je veux lui ressembler au point qu'on s'y méprenne.
J'ai, d'abord, un habit en tout pareil au sien :
J'ai sa taille : j'aurai son geste & son maintien ;
Et, je prétends si bien représenter l'Idole,
Qu'elle se reconnoisse à la fadeur du rôle ;
Et, comme en un miroir, s'y voyant traits pour traits,
Que l'insipidité l'en dégoûte à jamais.
Car c'est un caractere, entre nous, que je blâme ;
Et Lucile est un corps où je veux mettre une ame.

FRANCALEU.

L'indolence en effet laisse tout ignorer ;
Et combien l'ignorance en fait-elle égarer !
Le danger vole autour de la simple Colombe ;
Et, sans lumiere enfin, le moyen qu'on ne tombe ?
Tu feras donc fort bien de la morigéner.
Qu'elle sache connoître, applaudir, condamner.

B v

Qu'à son gré, d'elle-même elle dispose ensuite :
Le penchant satisfait répond de la conduite.
C'est contre le torrent du siecle intéressé :
Mais, me regardât-on comme un Pere insensé,
Je veux qu'à tous égards ma Fille soit contente ;
Que l'Époux qu'elle aura, soit selon son attente ;
Qu'elle n'écoute qu'elle, & que son propre cœur,
Sur un choix qui fera sa perte ou son bonheur ;
Qu'elle s'explique enfin là-dessus sans finesse.
Ce lieu rassemble, exprès, une belle Jeunesse ;
Vingt honnêtes Partis, dont le meilleur, je crois,
Ne refusera pas de s'allier à moi.
Ma Fille est riche & belle. En un mot je la donne
Au premier qui lui plaît ; je n'excepte personne.

LISETTE.

Pas même le Poëte ?

FRANCALEU.

                Au contraire ; c'est lui
Que je préférerois à tout autre aujourd'hui.

LISETTE.

Je ne le crois pas riche.

FRANCALEU.

                Hé bien ! j'en ai de reste.
J'aurai fait un Heureux : c'est passe-tems céleste.
Favorisant ainsi l'Honnête-homme indigent,
Le mérite, une fois, aura valu l'argent.

LISETTE.

Je vois, dans ce choix libre, un contre-tems à craindre,
Qui rendroit votre Fille extrêmement à plaindre.

FRANCALEU.

Et quel ?

COMÉDIE.

LISETTE.

C'est que son choix pourroit tomber très-bien
Sur tel qui, sur une autre, auroit fixé le sien;
Et pour lors il seroit moins aisé qu'on ne pense,
De ramener son cœur à de l'indifférence.

SCENE III.

FRANCALEU, DORANTE, LISETTE.

DORANTE reste au fond du Thâtre & écoute, sans être vu que de Lisette.

FRANCALEU.

Tu parles juste. Aussi j'ai pris soin de savoir
L'histoire de tous ceux qu'ici j'ai voulu voir.

LISETTE.

Et celle du jeune homme à qui l'on donne un rôle;
La savez-vous?

FRANCALEU.

On dit, à propos, que le Drôle...

LISETTE.

Je vous en avertis, il est fort amoureux.
Pour ne pas nous jetter dans un cas dangereux,
Très-positivement songez donc à l'exclure.

FRANCALEU.

J'y cours tout de ce pas : tu peux en être sûre;
Et vais, à la douceur joignant l'autorité,
Laisser un libre choix, ce Jeune homme excepté.

SCENE IV.
DORANTE, LISETTE.
DORANTE.
JE ne t'interromps point.
LISETTE.
Bien malgré vous, je gage.
DORANTE.
Non : j'écoute, j'admire, & je me tais. Courage !
LISETTE.
Vous vous trouvez bien de n'avoir point parlé.
DORANTE.
En effet ; me voilà joliment inſtalé !
LISETTE.
Inſtalé ? Tout des mieux. J'en réponds.
DORANTE.
Quelle audace !
Quoi ! tu peux, ſans rougir, me regarder en face !
LISETTE.
Pourquoi donc, s'il vous plaît, baiſſerois-je les yeux ?
DORANTE.
Après l'excluſion qu'on me donne en ces lieux ?
LISETTE.
Eh ! c'eſt le coup de maître.
DORANTE.
Il eſt bon là !

COMÉDIE.

LISETTE.

Sans doute.
Ne décidons jamais où nous ne voyons goute.

DORANTE.

Quoi ! Tu me feras voir....

LISETTE.

Oh ! qui va rondement,
Ne daigne pas entrer en éclaircissement.

DORANTE.

Je n'en demande plus. Ma perte étoit jurée.
Je trouve en mon chemin Monsieur de l'Empyrée.
Il aime ; il a su plaire : oui ; je le tiens de lui.
J'ignorois seulement quel étoit son appui.
Mais, sans voir ta Maîtresse, il osoit tout écrire ;
Tandis qu'en la voyant, moi, je n'osois rien dire ;
Et ta bouche infidelle, ouverte en sa faveur,
Des vers que j'empruntois le déclaroit l'Auteur.

LISETTE.

Vous croyez que je sers le Poëte ?

DORANTE.

Oui, Perfide !

LISETTE.

Vous ne croyez donc pas que l'intérêt me guide.
Pauvre cervelle ! Ainsi je l'ai donc bien servi,
Quand j'ai formé le plan que vous avez suivi ;
Quand je vous établis dans les lieux où vous êtes ;
Quand je songe à tenir les routes toutes prêtes,
Pour vous conduire au but où pas un ne parvient ;
Et quand enfin ?... Allez ! Je ne sais qui me tient...

DORANTE.

Mais cette exclusion, que veux-tu que j'en pense ?

LISETTE.
Tout ce qu'il vous plaira. Je hais la défiance.
DORANTE.
Encore ? A quoi d'heureux peut-elle préparer ?
LISETTE.
A vous tirer du pair, à vous faire adorer.
Tel est le cœur humain, surtout celui des Femmes.
Un ascendant mutin fait naître dans nos ames ,
Pour ce qu'on nous permet, un dégoût triomphant ;
Et le goût le plus vif, pour ce qu'on nous défend.
DORANTE.
Mais si cet ascendant se taisoit dans Lucile ?
LISETTE.
Oh que non ! L'indolence est toujours indocile.
Et telle qu'est la sienne, à ce que j'en puis voir,
La contrariété seule peut l'émouvoir.
Ce n'est pas même assez des défenses du Pere,
Si je ne les seconde en Duegne sévere.
DORANTE.
Hé bien ! les yeux fermés, je m'abandonne à toi.
LISETTE.
Défense encor d'oser lui parler avant moi.
DORANTE.
Oh ! c'est aussi trop loin pousser la patience !
LISETTE.
Dans un quart-d'heure, au plus, je vous livre audience.
DORANTE.
Dans un quart-d'heure ?
LISETTE.
Au plus. Promenez-vous là-bas.
Allez ; dans un moment j'y conduirai ses pas.

SCENE V.

DORANTE, LISETTE, LUCILE.

LISETTE.

La voici. Partez donc. Laiſſez-nous.

DORANTE, *héſitant*.

Quel ſupplice !

LISETTE.

Deſirez-vous, ou non, qu'on vous rende ſervice ?

DORANTE.

L'éviter !

LISETTE.

Ou tout perdre.

DORANTE.

Ah, que c'eſt à regret !

(Il fait des révérences à LUCILE, *qui les lui rend. Il les réitère, juſqu'à ce que, par un geſte impérieux,* LISETTE *lui fait ſigne de ſe retirer au moment qu'il paroiſſoit tenté d'aborder.)*

SCENE VI.
LISETTE, LUCILE.

LISETTE.

Voila, Mademoiselle, un Cavalier bien fait.
LUCILE.
J'y prens peu garde.
LISETTE.
    Aimable, autant qu'on le peut être.
LUCILE.
Tu le dis; je le crois.
LISETTE.
      Vous devez le connoître.
LUCILE.
Je l'ai vu quelquefois au Parloir.
LISETTE.
       Sans plaisir?
LUCILE.
Ni chagrin.
LISETTE.
   Si j'avois, comme vous, à choisir,
Celui-là, je l'avoue, auroit la préférence.
LUCILE.
La multitude augmente en moi l'indifférence.
Je hais de ces Galants le concours importun;
Et tu ne verras pas que j'en regarde aucun.

COMÉDIE.

LISETTE.

Quoi ! fans yeux pour eux tous ! On vous fera dédire.

LUCILE.

Si j'en ai, ce fera pour un feul.

LISETTE.

C'eſt-à-dire
Qu'en faveur de ce feul votre cœur fe réfout ;
Et que le choix en eſt déja fait ?

LUCILE.

Point du tout.
Je ne le veux choifir, ni ne le connois même.
Mon Pere le défigne ; il défend que je l'aime ;
J'obéirai. Je fais le devoir d'un Enfant.
Nous n'oferions aimer, lorfqu'on nous le défend.

LISETTE.

Oh non !

LUCILE.

Mais devoit-il, fachant mon caractere,
M'embarraſſer l'efprit d'une défenfe auſtere ?

LISETTE.

En effet !

LUCILE.

Exiger, par-delà, ma froideur,
Et de l'obéiſſance, ou m'eût fuffi l'humeur ?

LISETTE.

Cela pique,

LUCILE.

Voyons ce Conquérant terrible,
Pour qui l'on craint fi fort que je ne fois fenfible.
La curiofité me fera fuccomber ;
Et, fur lui feul enfin, mes regards vont tomber.

LA MÉTROMANIE

LISETTE.

On vous l'aura donc bien désigné ? Lequel est-ce ?

LUCILE.

C'est celui qui jouera l'Amoureux dans la Piece.

LISETTE.

C'est celui qui jouera....

LUCILE.

Quel air d'austérité !

LISETTE.

Mademoiselle, point de curiosité.
C'est bien innocemment que j'ai pris la licence
De vous insinuer la désobéissance.

LUCILE.

Qu'est-ce à dire ?

LISETTE.

Oubliez ce que je vous ai dit.

LUCILE.

Quoi ?

LISETTE.

Vous venez de voir celui dont il s'agit.
Ma préférence étoit un fort mauvais précepte.

LUCILE.

Quoi ! Lisette, c'est-là celui que l'on excepte ?

LISETTE.

Lui-même. Rendez grace à l'inattention
Qui ferma votre cœur à la séduction.
Vous gagnez tout au monde à ne le pas connoître.
Le devoir eût eu peine à se rendre le maître ;
Et, sûre de l'aveu d'un Pere complaisant,
Vous n'eussiez pas remis le choix jusqu'à présent.

COMÉDIE.

LUCILE.
Mille choses de lui maintenant me reviennent,
Qui veritablement engagent & préviennent.

LISETTE.
Ce que, depuis un mois, de lui vous avez lu,
Témoigne assez combien son esprit vous eût plu.

LUCILE.
Quoi! ces vers que je lis, que je relis sans cesse....

LISETTE.
Sont les siens.

LUCILE.
Quel esprit! Quelle délicatesse!
De plaisirs & de jeux quel mélange amusant!
Que, sous des traits si doux, l'Amour est séduisant!
L'Auteur veut plaire, & plaît sans doute à quelque Belle,
A qui l'on doit le feu dont sa plume étincelle.

LISETTE.
C'est ce qu'apparemment votre Pere en conclut,
Et la raison qui fait que son ordre l'exclut.
Il craint que vous n'aimiez la conquête d'une autre....
D'une autre! Mais j'y songe ; & s'il étoit la vôtre ?

Lucile rit.

LISETTE.
Vous riez! Et moi, non. C'est au plus sérieux.
Les vers étoient pour vous. J'ouvre à présent les yeux.
Oui ; je vous reconnois, traits pour traits, dans l'image
De celle à qui s'adresse un si galant hommage.

LUCILE.
Je remarque en effet....

SCENE VII.

DAMIS, LISETTE, LUCILE.

DAMIS *traverse le fond du Théâtre, un livre à la main.*

LUCILE.

Prenons par ce chemin.
Monsieur de l'Empyrée approche, un Livre en main :
On m'a, pour le choisir, presque tyrannisée ;
Et mon ame jamais n'y fut moins disposée.
Viens.

(*Elle sort.*)

SCENE VIII.

LISETTE, *seule.*

Ce préliminaire est, je crois, suffisant ;
Et Dorante n'a plus qu'à parler à présent.

SCENE IX.
LISETTE, MONDOR.
MONDOR.

Lisette, ai-je un Rival ici ? Qu'il disparoisse.

LISETTE.

S'il me plaît.

MONDOR.

Plaise ou non ; tu n'as plus ta maîtresse.

LISETTE.

Comment ?

MONDOR.

Tu m'appartiens.

LISETTE.

Et de quel droit encor ?

MONDOR.

Lucile est à Damis ; donc, Lisette à Mondor.

LISETTE.

Lucile est à ton Maître ? Ah ! tout beau ; j'en appelle.

MONDOR.

Il ne lui manque plus que l'aveu de la Belle :
Celui du Pere est sûr, à tout ce que j'entends.

LISETTE, *s'en allant.*

La belle avance !

MONDOR, *courant après.*

Écoute.

LISETTE.

Oh ! je n'ai pas le tems.

SCENE X.

DAMIS, *seul, le Mercure à la main.*

Oui, divine Inconnue! Oui, céleste Bretonne!
Possédez seule un cœur que je vous abandonne!
Sans la fatalité de ce jour, où mon front
Ceint le premier laurier, ou rougit d'un affront,
J'abandonnois ces lieux, & volois où vous êtes.

SCENE XI.

MONDOR, DAMIS.

MONDOR.

Je ne m'étonne plus si nous payons nos dettes.
Entre vingt Prétendans, on vous le donne beau;
Et vous avez pour vous, Monsieur, l'air du bureau.

DAMIS, *se croyant toujours seul.*

Si, comme je le crois, ma piece est applaudie,
Vous êtes la Puissance à qui je la dédie.
Vous eûtes un esprit que la France admira;
J'en eus un qui vous plut. L'Univers le saura.

(*Il donne à Mondor du Livre par le nez.*)

MONDOR.

Ouf!

DAMIS.

Qui te savoit là? Dis.

COMÉDIE.
MONDOR.
Maugrebleu du geste !
DAMIS.
Tu m'écoutois ? Hé bien ! raille, blâme, conteste.
Dis encor que mon Art ne sert qu'à m'éblouir.
Tu vois ! je suis heureux !
MONDOR.
Plus que sage.
DAMIS.
A t'ouïr,
Je ne me repaissois que de vaines chimeres.
MONDOR.
Votre bonheur, tout franc, ne se devinoit gueres.
DAMIS.
Par un sot comme toi.
MONDOR.
Mon Dieu ! pas tant d'orgueil.
Vous ne pouviez manquer d'être vu de bon œil.
Vous trouvez un esprit de la trempe du vôtre ;
Mais vous n'eussiez jamais réussi près d'une autre.
DAMIS.
De pas une autre aussi je ne me soucierois.
MONDOR.
C'est qu'elle aime les vers ; sans quoi je défierois....
DAMIS.
C'est que... c'est qu'elle en fait les mieux tournés du monde.
MONDOR.
Pour moi, ce qui m'en plaît, c'est la source féconde
Où nous allons puiser désormais les ducats.

DAMIS.

Les ducats?

MONDOR.

C'est de quoi vous faites peu de cas.
L'un de nous deux a tort; mais qu'à cela ne tienne.
Aura tort qui voudra, pourvu que l'argent vienne.

DAMIS.

Enfin tu conçois donc qu'on en saura gagner?

MONDOR.

Le bon-homme du moins ne veut pas l'épargner.

DAMIS.

Le bon-homme?

MONDOR.

Oui, Monsieur; si vous êtes son Gendre,
Monsieur de Francaleu dit à qui veut l'entendre,
Qu'il rendra là-dessus votre bonheur complet.

DAMIS.

Extravagues-tu?

MONDOR.

Non; foi d'honnête Valet.

DAMIS.

Eh! qui, diable, te parle en cette circonstance,
De Monsieur Francaleu, ni de son alliance?

MONDOR.

Bon! Ne voici-t-il pas un qui-proquo?
De qui parlez-vous donc, Monsieur?

DAMIS.

D'une SAPHO;
D'un Prodige qui doit, aidé de mes lumieres,
Effacer, quelque jour, l'illustre DESHOULIERES;
D'une fille à laquelle est uni mon destin.

MONDOR.

Où, diantre, est cette Fille?

DAMIS.

COMÉDIE.

DAMIS.
A Quimpercorentin.

MONDOR.
A Quimp....

DAMIS.
Oh! ce n'est pas un bonheur en idée,
Celui-ci! L'espérance est saine & bien fondée.
La Bretonne adorable a pris goût à mes vers;
Douze fois l'an, sa plume en instruit l'Univers :
Elle a, douze fois l'an, réponse de la nôtre;
Et nous nous encensons, tous les mois, l'un & l'autre.

MONDOR.
Où vous êtes-vous vus?

DAMIS.
Nulle part. A quoi bon?

MONDOR.
Et vous l'épouseriez?

DAMIS.
Sans doute. Pourquoi non?

MONDOR.
Et si c'étoit un monstre?

DAMIS.
Oh! tais-toi! tu m'excedes.
Les personnes d'esprit sont-elles jamais laides?

MONDOR.
Oui, mais répondra-t-elle à votre folle ardeur?

DAMIS.
Je suis assez instruit par notre Ambassadeur.

MONDOR.
Et quel est l'Intrigant d'une telle aventure?

C

LA METROMANIE.

DAMIS.

Le Meſſager des Dieux, lui-même; le Mercure.

MONDOR.

Oh, oh! bel entrepôt, vraiment, pour coqueter!

DAMIS, *lui préſentant le Mercure ouvert.*

Tiens, lis dans celui-ci que tu viens d'apporter.

MONDOR *lit.*

SONNET de Mademoiſelle Mériadec de Kerſic de Quimper en Bretagne, à Monſieur.... cinq étoiles...

DAMIS.

Ton eſprit aiſément perſe à travers ces voiles;
Et voit bien que c'eſt moi qui ſuis les cinq étoiles.
  Oui! Qu'à jamais pour moi, belle Mériadec,
Pégaſe ſoit rétif, & l'Hipocrène à ſec,
Si ma Lyre, de myrte & de palmes ornée,
Ne conſacre les nœuds d'un ſi rare hyménée!

MONDOR.

Je reſpecte, Monſieur, un ſi noble tranſport.
Qui vous chicaneroit davantage, auroit tort.
Mais prenez un conſeil. Votre eſprit s'exténue,
A ſe forger les traits d'une Femme inconnue:
Peignez-vous celle-ci, ſous quelque objet préſent.
Lucile a, par exemple, un viſage amuſant....

DAMIS.

J'entends.

MONDOR.

  Suivez, lorgnez, obſédez ſa Perſonne:
Croyez voir, & voyez, en elle, la Bretonne....

DAMIS.

C'eſt bien dit. Cette vue, échauffant mes eſprits,
N'en portera que plus de feu dans mes écrits.
Le bon ſens du Maraud quelquefois m'épouvante.

COMÉDIE.
MONDOR.
Moliere, avec raison, consultoit sa Servante.
DAMIS.
On se peint dans l'Objet présent, & plein d'appas,
L'Objet qu'on idolâtre, & que l'on ne voit pas.
Aussi bien, transporté du bonheur de ma flamme,
Déja, dans mon cerveau, roule une épithalame,
Que, devant qu'il soit peu, je prétends mettre au net,
Et donner au Mercure, en paiement du Sonnet.
 Muse, évertuons-nous. Ayons les yeux, sans cesse,
Sur l'astre qui fait naître en ces lieux, la tendresse:
Cherche, en le contemplant, matiere à tes crayons;
Et que ton feu divin s'allume à ses rayons.
 Que cette solitude est paisible & touchante !
J'y veux relire encor le Sonnet qui m'enchante.
(Il va s'asseoir à l'écart.)
MONDOR, <i>à part, à lui-même.</i>
Quelle tête ! Il faut bien le prendre comme il est.
Voyons ce qui naîtra de ce jeu qui lui plaît.
L'assiduité peut, Lucile étant jolie,
Lui faire de Quimper abjurer la folie.

SCENE XII.

LUCILE, DORANTE, DAMIS
assis à l'écart.

DORANTE, à Lucile.

A Cet aveu si tendre, à de tels sentimens
Que je viens d'appuyer du plus saint des sermens,
A tout ce que j'ai craint, Madame, à ce que j'ose,
A vos charmes enfin plus qu'à tout autre chose,
Reconnoissez qui j'aime; & réparez l'erreur
D'un Pere qui m'exclut du don de votre cœur.
Je ne veux, pour tout droit, que sa volonté même.
Pere équitable & tendre, il veut que l'on vous aime;
Dès que c'est à ce prix que l'on met votre foi,
Qui jamais vous pourra mériter mieux que moi?

LUCILE.

Mais, enfin, là-dessus, qu'importe qu'on l'éclaire,
S'il ne vous en est pas pour cela moins contraire;
Et si, dès qu'il saura de qui vous êtes fils,
Nul espoir, près de moi, ne vous est plus permis?

DORANTE.

J'obtiendrai son aveu; rien ne m'est plus facile.
Mais parmi tant d'amans, adorable Lucile,
N'auriez-vous pas déja nommé votre vainqueur?

LUCILE, *tirant des vers de sa poche.*

L'Auteur seul de ces vers a su toucher mon cœur;
Je l'avoue; & pour lui, me voilà déclarée.

COMÉDIE.

DORANTE, *appercevant Damis.*

On nous écoute !

LUCILE, *appercevant Damis.*

Hé ! c'est Monsieur de l'Empirée !
Lisons-les lui ces vers : il en sera charmé.

DORANTE, *à part.*

Est-ce lui, juste ciel ! où moi qu'elle a nommé ?

LUCILE, *à Damis.*

Venez, Monsieur, venez....

DAMIS, *qui étoit occupé profondément, en sortant de rêverie, laisse tomber ses tablettes, & se leve.*

LUCILE, *continuant.*

Pour qu'en votre présence
Nous discutions un fait de votre compétence :
Il s'agit d'une Idyle, où j'ai quelque intérêt ;
Et vous nous en direz votre avis, s'il vous plaît.

DORANTE.

Madame, on fait grand tort à Messieurs les Poëtes,
Quand on les interrompt, dans leurs doctes retraites :
Laissons donc celui-ci rêver en liberté ;
Et détournons nos pas, de cet autre côté.

DAMIS.

Le plus grand tort, Monsieur, que l'on puisse nous faire,
C'est de priver nos yeux de ce qui peut leur plaire.
Peut-on penser si bien, étant seul en ces lieux,
Qu'étant avec Madame, on ne pense encore mieux ?
Madame, je vous prête une oreille attentive.
Rien ne me plaira tant. Lisez : & s'il m'arrive
Quelque distraction dont je ne réponds pas,
Vous ne l'imputerez qu'à vos divins appas.

LUCILE.

Votre façon d'écrire élégante & fleurie,
Vous accoutume au ton de la galanterie.
Allons, Messieurs, passons sous ce feuillage épais,
Où, loin des importuns, nous puissions lire en paix.

DAMIS, lui présente la main qu'elle accepte au moment que DORANTE lui présentoit aussi la sienne.

SCENE XIII.

DORANTE, *seul.*

Est-ce un coup du hazard, ou de leur perfidie ?
Voyons, il faut, de près, que je les étudie ;
Et que je sorte enfin de la perplexité
La plus grande où peut-être on ait jamais été.

Fin du second Acte.

ACTE III.

SCENE PREMIERE.

DORANTE, *ramassant des tablettes.*

Quelqu'un regrette bien les secrets confiés
A ces tablettes-ci que je trouve à mes pieds.
(*Il les ouvre & lit :*)
«Épithalame». Ah, ah! j'en reconnois le maître.
J'y pourrois bien aussi développer un traître....
Lisons.

SCENE II.

LISETTE, DORANTE.

LISETTE.

Suis-je une fourbe? Ai-je trahi vos feux?
Le seul qu'on veut exclure, est-il si malheureux?
Dès que je vous ai vu prêt d'aborder Lucile,
Je me suis éclipsée en confidente habile;

Et je vous ai laissé le champ libre à l'instant.
Hé bien ? Quelle nouvelle ? En êtes-vous content ?

DORANTE

Ah ! qu'elle est ravissante ; & que ce tête-à-tête
Acheve de lui bien assurer sa conquête !
Je l'aimois, l'adorois, l'idolâtrois ; mais rien
N'exprime mon état, depuis cet entretien.
Jusqu'au son de sa voix, tout me pénetre en elle.
Son défaut me la rend plus piquante & plus belle ;
Oui, ce qu'en elle on nomme indolence & froideur,
Redouble de mes feux la tendresse & l'ardeur.

LISETTE

La Dédaigneuse enfin s'est-elle humanisée ?
Je l'avois, ce me semble, assez bien disposée.

DORANTE

Tu me vois dans un trouble....

LISETTE

Eh ! vivez en repos.

DORANTE

Ses graces m'ont charmé ; mais non pas ses propos.

LISETTE

A-t-elle, avec rigueur, fermé l'oreille aux vôtres ?

DORANTE

Non. Mais j'aurois voulu qu'elle en eût tenu d'autres.

LISETTE

Quoi? Qu'elle eût dit: «Monsieur, je suis folle de vous.
» Je voudrois que déjà vous fussiez mon Epoux ».
Mais oui ; c'est avoir l'ame assurément bien dure,
De ne pas abréger ainsi la procédure.

DORANTE

Ayant fait de ma flamme un libre & tendre aveu,

COMÉDIE.

Et promis d'aggréer à Monsieur Francaleu :
Comme je témoignois la plus ardente envie
D'entendre mon arrêt ou de mort ou de vie,
Elle m'a répondu : (dirai je, avec douceur ?)
« L'Auteur seul de ces vers a su toucher mon cœur ».
A ces mots, de sa poche, elle a tiré l'Idyle,
Dont le succès me rend de moins en moins tranquile.

LISETTE.

C'est qu'elle a cru parler à l'Auteur.

DORANTE.

Je ne sais.
Mais elle a mis mon ame à de rudes essais.
Elle a vu mon rival d'un œil de complaisance.
Elle a lu, malgré moi, l'Idyle en sa présence.
C'étoit me démasquer. Sous cape, il en rioit,
Peut-être en homme à qui l'on me sacrifioit.
Le serois je, en effet ? Seroit-ce lui qu'on aime ?
Me joueroient-ils tous deux ? Me jouerois-tu, toi-
    même ?

LISETTE.

Les honnêtes soupçons ! Rendez grace entre nous,
Au cas particulier que je fais des Jaloux :
Sans les égards qu'on doit à leur tendre caprice,
Mon honneur offensé se feroit bien justice.

DORANTE.

L'Auteur seul de ces vers a su toucher son cœur,
Dit elle ! encore un coup, je n'en suis point l'auteur.
Supposé qu'on la trompe, & qu'elle me le croie ;
Où donc est encor là le grand sujet de joie ?
Je jouis d'une erreur : & j'aurois souhaité
Une source plus pure, à ma félicité !
Un mérite étranger est cause que l'on m'aime ;
Et je me sens jaloux d'un autre, dans moi-même.

C v

LISETTE.

Que la délicatesse est folle en ses excès!
Eh, Monsieur! y faut-il regarder de si près?
Qu'importe du bonheur la source fausse ou vraie?

DORANTE.

Tout ce que j'entrevois, de plus en plus, m'effraie.
Le bonheur du Poëte étoit encor douteux ;
Mais il est mon rival : & mon rival heureux.
De Lucile, sans cesse, il contemple les charmes.
Il se voit vingt rivaux, sans en prendre d'alarmes.
A l'estime du Pere, il a le plus de part.
Seule, avec son Valet, je te trouve à l'écart.
Que te veut-il? Pourquoi s'enfuit-il à ma vue?
Quels étoient vos complots? D'où vient paroître
  émue?
Réponds.

LISETTE.

Tout doucement! Vous prenez trop de soin.
Et c'est aussi pousser l'interrogat trop loin.

DORANTE.

Je t'épierai si bien aujourd'hui.... Prends-y garde.
Quelque part que tu sois, crois que je te regarde.
                    (A part, en s'en allant).
Cependant allons voir, en les feuilletant bien,
Si ces tablettes-ci ne m'instruiront de rien.

SCENE III.

LISETTE, *seule*.

M'Épier ! Comment donc ! Ce seroit une chaîne.
Quoiqu'on soit sans reproche, on ne veut rien qui gêne.
Ah ! c'est peu d'être injuste ! il ose être importun !
Aux trousses du fâcheux, je vais en lâcher un,
Qui, s'attachant à lui, saura bien m'en défaire.

SCENE IV.

FRANCALEU, LISETTE,

LISETTE, *appercevant Francaleu*.

Le voici justement.
FRANCALEU.
Qu'as-tu donc tant à faire
Avec ce Cavalier, qui ne semble chez moi
S'être impatronisé que pour être avec toi ?
LISETTE.
De tous nos entretiens vous seul êtes la cause.
FRANCALEU.
Voyons un peu le tour qu'elle donne à la chose.
LISETTE.
Tout simple. Le jeune homme entend vanter à tous
Certaine Tragédie en six actes, de vous,

Que l'on dit fort plaisante, & qu'il brûle d'entendre,
Sans qu'il sache par qui, ni trop comment s'y
　prendre.
FRANCALEU.
Et n'a-t-il pas l'Ami qui me l'a présenté ?
LISETTE.
Monsieur de l'Empyrée ? Il aura plaisanté,
De Caustique & de Fat joué les mauvais rôles,
Et parlé de vos vers, en pliant les épaules.
FRANCALEU.
J'en croirois quelque chose, à son rire moqueur.
Le serpent de l'Envie a sifflé dans son cœur.
Hó bien, bien ! double joie, en ce cas, pour le
　nôtre !
Je mortifierai l'un, & satisferai l'autre ;
L'autre aussi-bien m'a plu, comme il plaira par-tout :
Il a tout-à fait l'air d'un homme de bon goût ;
Et, d'ailleurs, il me prend dans mon enthousiasme.
Je suis en train de rire ; & veux, malgré mon asthme,
Lui lire tous mes vers, sans en excepter un.
LISETTE.
Vous me déférez-là d'un terrible importun.
FRANCALEU.
Vas donc me le chercher.
LISETTE.
　　　　　　Faites en votre affaire.
Je me vais occuper d'un soin plus nécessaire.
Il faut que je m'habille.
FRANCALEU.
Et pourquoi donc si-tôt ?
LISETTE.
Voulant représenter Lucile comme il faut,

COMÉDIE. 61

J'ôte dès-à-préfent mes habits de foubrette,
Pour être, fous les fiens, plus libre & moins
    diftraite.

FRANCALEU.
C'eft fort bien avifé. Vas.
LISETTE *fort.*
FRANCALEU.
                            Je me charge, moi....

SCENE V.
FRANCALEU, BALIVEAU.

FRANCALEU, *appercevant Baliveau.*

AH, c'eft vous! Comment va la mémoire?
BALIVEAU.
                                  Ma foi
Quelques raifonnemens que votre goût m'oppofe,
Je hais bien la démarche où mon Neveu m'expofe.
Pour s'y réfoudre, il faut, à cet original,
Vouloir étrangement & de bien & de mal.
Enfin mon rôle eft fu: voyons, que faut-il faire?

FRANCALEU.
Et moi, de mon côté, je fonge à votre affaire.
Cependant foyez gai. Débutez feulement;
Et vous ferez bien-tôt de notre fentiment.
De vos talens à peine aurons-nous les prémices,
Que nous voulons vous voir un pilier de couliffes;
Et, quoi que vous difiez, vers un plaifir fi doux,
De la force du charme entraîné comme nous.

BALIVEAU.

Il ne manque à cela que de la vraisemblance.
Ce qui soulageroit un peu ma répugnance,
C'est le parfait rapport qui, par un cas plaisant,
Se trouve entre mon rôle & mon état présent.
Je représente un Pere austere & sans foiblesse,
Qui d'un Fils libertin gourmande la jeunesse.
Le Vieillard, à mon gré, parle comme un Caton:
Et je me réjouis de lui donner le ton.

FRANCALEU.

Celui qui fait le Fils s'y prend le mieux du monde.
Car nous ne jouons bien, qu'autant qu'on nous seconde :
Tout dépend de l'Acteur mis vis-à-vis de nous.
Si celui-ci venoit répéter avec vous ?....

BALIVEAU.

Je voudrois que ce fût déja fait.

FRANCALEU, *appellant ses Valets.*

Holà, hée !

SCENE VI.

FRANCALEU, UN LAQUAIS, BALIVEAU.

FRANCALEU, *au Laquais.*

Que l'on aille chercher Monsieur de l'Empyrée.

LE LAQUAIS *sort.*

COMÉDIE. 63

SCENE VII.

FRANCALEU, BALIVEAU.

FRANCALEU, *au Laquais*.

Tenez, voilà par où le jeune homme entrera.
Vous pouvez commencer si-tôt qu'il paroîtra.
Faites comme l'on fait aux choses imprévues.
Soyez comme quelqu'un qui tomberoit des nues;
Car c'est l'esprit du rôle : & vous vous souvenez
Que vous vous trouvez, vous & ce fils, nez à nez,
L'instant précis qu'il sort, ou d'un Académie,
Ou de quelque autre lieu que vous voulez qu'il fuie;
Et qu'à cette rencontre, un silence fâcheux
Exprime une surprise égale entre vous deux.
C'est un coup de Théâtre admirable : & j'espere...

SCENE VIII.

DAMIS, FRANCALEU, BALIVEAU.

FRANCALEU, *à Damis*.

Monsieur, voilà celui qui fera votre Pere.
Il sait son rôle; allons, concertez-vous un peu;
Et, tout en vous voyant, commencez votre jeu.
DAMIS *s'approche de Baliveau.*
BALIVEAU *se tourne, voit son Neveu, & exprime
le plus profond étonnement.*

DAMIS *est aussi très-surpris, se remet, & finit par rire.*

FRANCALEU, *trompé par l'apparence, à Baliveau.*
Comment diable ! A merveille ! A miracle ! Courage !
(*A Damis.*)
Vous avez joué, vous, la surprise assez bien ;
Mais le rire vous prend ; & cela ne vaut rien.
Il faut être interdit, confus, couvert de honte.

BALIVEAU, *à Francaleu.*
Je sens qu'ainsi que lui, votre aspect me démonte.

DAMIS, *à Francaleu.*
C'est que, lorsqu'on répete, un tiers est importun.

FRANCALEU.
Adieu donc : aussi bien je fais languir quelqu'un.
(*A Damis.*)
Monsieur l'homme accompli, qui du moins croyez l'être,
Prenez, prenez leçon : car voilà votre Maître.
(*A Baliveau.*)
Bravo ! bravo ! bravo !

(*Il sort.*)

SCENE IX.

DAMIS, BALIVEAU.

BALIVEAU, à part.

Le sot événement!

DAMIS.

Je ne puis revenir de mon étonnement.
Après un tel prodige, on en croira mille autres.
Quoi! mon oncle, c'est vous ? Mon cher oncle est des nôtres!
Heureux le lieu, l'inftant, l'emploi qui nous rejoint!

BALIVEAU.

Raifonnons d'autre chofe, & ne plaifantons point.
Le hazard a voulu....

DAMIS.

Voici qui paroît drôle.
Eft-ce vous qui parlez, ou fi c'eft votre rôle ?

BALIVEAU.

C'eft moi-même qui parle, & qui parle à Damis.
Voilà donc ce que fait mon neveu dans Paris ?
Qu'a produit un féjour de fi longue durée ?
Que veut dire ce nom: *Monfieur de l'Empyrée!*
Sied-il, dans ton état, d'aller ainfi vêtu ?
Dans quelle compagnie, en quelle école es-tu ?

DAMIS.

Dans la vôtre, mon oncle. Un peu de patience.
Imitez-moi. Voyez fi je romps le filence

Sur mille queſtions qu'en vous trouvant ici,
Peut-être ſuis-je en droit d'oſer vous faire auſſi.
Mais c'eſt que notre rôle eſt notre unique affaire ;
Et que de nos débats le Public n'a que faire.

BALIVEAU, *levant la canne.*

Coquin! Tu te prévaux du contre-temps maudit....

DAMIS.

Monſieur, ce geſte-là vous devient interdit.
Nous ſommes, vous & moi, membres de Comédie.
Notre corps n'admet point la méthode hardie
De s'arroger ainſi la pleine autorité ;
Et l'on ne connoît point, chez nous, de primauté.

BALIVEAU, *à part.*

C'eſt à moi de plier, après mon incartade.

DAMIS, *gaiement.*

Répétons donc en paix. Voyons, mon Camarade.
Je ſuis un fils....

BALIVEAU, *à part.*

J'ai ri. Me voilà déſarmé.

DAMIS.

Et vous, un pere....

BALIVEAU.

Hé! oui, bourreau! Tu m'as nommé.
Je n'ai que trop pour toi des entrailles de pere ;
Et ce fut le ſeul bien que te laiſſa mon frere.
Quel uſage en fais-tu ? Qu'ont ſervi tous mes ſoins ?

DAMIS.

A me mettre en état de les implorer moins.
Mon oncle, vous avez cultivé mon enfance :
Je ne mets point de borne à ma reconnoiſſance ;
Et c'eſt pour le prouver, que je veux déſormais

Commencer par tâcher d'en mettre à vos bienfaits;
Me suffire à moi-même, en volant à la gloire;
Et chercher la Fortune au Temple de Mémoire.
BALIVEAU.
Où la vas-tu chercher? Ce Temple prétendu,
(Pour parler ton jargon) n'est qu'un pays perdu,
Où la nécessité de travaux consumée,
Au sein du sot orgueil, se repaît de fumée.
Eh, malheureux! Crois-moi : fuis ce terroir ingrat.
Prends un parti solide, & fais choix d'un état
Qu'ainsi que le talent, le bon-sens autorise;
Qui te distingue, & non qui te singularise;
Où le génie heureux brille avec dignité;
Tel qu'enfin le Barreau l'offre à ta vanité.
DAMIS.
Le Barreau!
BALIVEAU.
Protégeant la veuve & la pupile,
C'est-là qu'à l'honorable on peut joindre l'utile;
Sur la gloire & le gain établir sa maison,
Et ne devoir qu'à soi sa fortune & son nom.
DAMIS.
Ce mélange de gloire & de gain m'importune.
On doit tout à l'honneur, & rien à la Fortune.
Le Nourrisson du Pinde, ainsi que le Guerrier,
A tout l'or du Pérou préfere un beau laurier.
L'Avocat se peut-il égaler au Poëte?
De ce dernier la gloire est durable & complette:
Il vit long-temps après que l'autre a disparu.
Scarron même l'emporte aujourd'hui sur Patru.
Vous parlez du Barreau de la Grece & de Rome,
Lieux propres autrefois à produire un grand homme.
L'encre de la chicane & sa barbare voix
N'y défiguroient pas l'éloquence & les loix.

Que des traces du monstre on purge la Tribune,
J'y monte : & mes talens, voués à la Fortune,
Jusqu'à la prose encor voudront bien déroger.
Mais, l'abus ne pouvant si-tôt se corriger,
Qu'on me laisse, à mon gré, n'aspirant qu'à la gloire,
Des titres du Parnasse ennoblir ma mémoire,
Et primer dans un art plus au-dessus du Droit,
Plus grave, plus sensé, plus noble qu'on ne croit.
Le vice impunément dans le siecle où nous sommes,
Foule aux pieds la vertu si précieuse aux hommes :
Est-il pour un esprit solide & généreux,
Une cause plus belle à plaider devant eux ?
Que la Fortune donc me soit mere ou marâtre :
C'en est fait : pour Barreau, je choisis le Théâtre ;
Pour Client, la Vertu ; pour Loix, la Vérité ;
Et pour Juges, mon Siecle & la Postérité.

BALIVEAU.

Eh bien ! portes plus haut ton espoir & tes vues.
A ces beaux sentimens les Dignités sont dues.
La moitié de mon bien, remise en ton pouvoir,
Parmi nos Sénateurs s'offre à te faire asseoir.
Ton esprit généreux, si la vertu t'est chere,
Si tu prends à sa cause un intérêt sincere,
Ne préférera pas, la croyant en danger,
L'effort de la défendre, au droit de la juger.

DAMIS.

Non : mais d'un si beau droit l'abus est trop facile.
L'esprit est généreux ; mais le cœur est fragile.
Qu'un Juge incorruptible est un homme étonnant !
Du Guerrier le mérite est sans doute éminent :
Mais presque tout consiste au mépris de la vie ;
Et de servir son Roi la glorieuse envie,
L'espérance, l'exemple, un je ne sais quel prix,
L'horreur du mépris même, inspire ce mépris.
Mais avoir à braver le sourire où les larmes
D'une Solliciteuse aimable & sous les armes,

Tout sensible, tout homme enfin que vous soyez,
Sans oser être ému, la voir presque à vos pieds !
Jusqu'à la cruauté pousser le stoïcisme !
Je ne me sens pas fait pour un tel héroïsme.
De tous nos Magistrats la vertu me confond :
Et je ne conçois pas comment ces Messieurs font.
   Ma vertu donc se borne au mépris des richesses :
A chanter des Héros de toutes les especes ;
A sauver, s'il se peut, par mes travaux constans,
Et leurs noms & le mien des injures du temps.
Infortuné ! je touche à mon cinquieme lustre,
Sans avoir publié rien qui me rende illustre !
On m'ignore ; & je rampe encore, à l'âge heureux
Où Corneille & Racine étoient déja fameux !

BALIVEAU.

Quelle étrange manie ! Eh ! dis-moi, Misérable !
A de si grands Esprits te crois-tu comparable ?
Et ne sais-tu pas bien qu'au métier que tu fais,
Il faut, ou les atteindre, ou ramper à jamais ?

DAMIS.

Hé bien ! voyons le rang que le Destin m'apprête.
Il ne couronne point ceux que la crainte arrête.
Ces Maîtres même avoient les leurs, en débutant :
Et tout le monde alors put leur en dire autant.

BALIVEAU.

Mais les beautés de l'art ne sont pas infinies.
Tu m'avoueras du moins que ces rares Génies,
Outre le don qui fut leur principal appui,
Moissonnoient à leur aise, où l'on glane aujourd'hui.

DAMIS.

Ils ont dit, il est vrai, presque tout ce qu'on pense.
Leurs écrits sont des vols qu'ils nous ont faits
    d'avance :
Mais le remede est simple ; il faut faire comme eux,

Ils nous ont dérobés ; dérobons nos Neveux ;
Et, tariſſant la ſource où puiſe un beau délire,
A la poſtérité ne laiſſons rien à dire.
Un Démon triomphant m'éleve à cet emploi.
Malheur aux Ecrivains qui viendront après moi!

BALIVEAU.

Vas, malheur à toi-même, ingrat ! Cours à ta perte :
A qui veut s'égarer, la carriere eſt ouverte.
Indigne du bonheur qui t'étoit préparé,
Rentre dans le néant, dont je t'avois tiré.
Mais ne crois pas que, prêt à remplir ma vengeance,
Ton châtiment ſe borne à la ſeule indigence.
Cette ſoif de briller, où ſe fixent tes vœux,
S'éteindra, mais trop tard, dans des dégoûts affreux.
Vas ſubir du Public les jugemens fantaſques,
D'une Cabale aveugle eſſuyer les bouraſques,
Chercher en vain quelqu'un d'humeur à t'admirer,
Et trouver tout le monde actif à cenſurer.
Vas, des Auteurs ſans noms, groſſir la foule obſcure,
Égayer la ſatyre, & ſervir de pâture
A je ne ſais quel tas de Brouillons affamés,
Dont les écrits mordans ſur les Quais ſont ſemés.
Déja, dans les Caffés, tes projets ſe répandent.
Le Parodiſte oiſif & les Forains t'attendent.
Vas, après t'être vu ſur leur Scene avili,
De l'opprobre, avec eux, retomber dans l'oubli.

DAMIS.

Que peut, contre le roc, une vague animée ?
Hercule a-t-il péri ſous l'effort du Pygmée.
L'Olympe voit, en paix, fumer le Mont Æthna.
Zoïle contre Homere en vain ſe déchaîna ;
Et la palme du Cid, malgré la même audace,
Croît & s'éleve encore au ſommet du Parnaſſe.

BALIVEAU.

Jamais l'extravagance alla-t-elle plus loin ?

Hé bien! tu braveras la honte & le besoin.
Je veux que ton esprit n'en soit que plus rebelle;
Et qu'aux siecles futurs ta sottise en appelle;
Que de ton vivant même, on admire tes vers:
Tremble, & vois sous tes pas, mille abymes ouverts.
L'Impudence d'autrui va devenir ton crime.
On mettra sur ton compte un libelle anonyme.
Poursuivi, condamné, proscrit sur ces rumeurs,
A qui veux-tu qu'un homme en appelle?

DAMIS.

A ses mœurs.

BALIVEAU.

A ses mœurs? & le monde, en ses sortes d'orages,
Est-il instruit des mœurs, ainsi que des ouvrages?

DAMIS.

Oui. De mes mœurs bientôt j'instruirai tout Paris.

BALIVEAU.

Et comment, s'il vous plait?

DAMIS.

Comment? Par mes écrits.
Je veux que la vertu, plus que l'esprit, y brille.
La mere en prescrira la lecture à sa fille;
Et j'ai, grace à vos soins, le cœur fait de façon
A monter aisément ma Lyre sur ce ton.
Sur la scene aujourd'hui, mon coup d'essai l'annonce:
Je suis un malheureux. Mon oncle me renonce.
Je me tais. Mais l'erreur est sujette au retour.
J'espere triompher avant la fin du jour:
Et peut-être la chance alors tournera-t-elle.

BALIVEAU.

Quoi! vous seriez l'Auteur de la Piece nouvelle
Que, ce soir, aux François, l'on doit représenter?

DAMIS.

Soyez donc le premier à m'en féliciter.

BALIVEAU.

Puisque vous le voulez, je vous en félicite.

DAMIS.

J'en augure une heureuse & pleine réussite.

BALIVEAU.

Cependant gardez-vous de dire à Francaleu,
Que de son bon ami vous êtes le neveu.

DAMIS.

Tout comme il vous plaira : mais je vois, avec peine,
Que vous ne vouliez pas que je vous appartienne.

BALIVEAU.

J'ai de bonnes raisons pour en agir ainsi.

DAMIS.

J'obéirai, Monsieur.

BALIVEAU.

J'y compte.

DAMIS.

Mais aussi,
Daignant de même entrer dans l'esprit qui m'anime,
Laissez-moi, quelque temps jouir de l'anonyme,
Pour goûter du succès les plaisirs plus entiers,
Et m'entendre louer, sans rougir.

BALIVEAU.

Volontiers.

(A part.)
A demain, maître fou ! Si jamais tu rimailles,
Ce ne sera, morbleu ! qu'entre quatre murailles.

SCENE

SCENE X.

DAMIS, *seul.*

IL ne veut m'avouer qu'après l'événement.
Nous nous sommes ici rencontrés plaisamment.
La Scene est théâtrale, unique, inopinée.
Je voudrois, pour beaucoup, l'avoir imaginée;
Mon succès seroit sûr. Du moins profitons-en;
Et songeons à la coudre à quelque nouveau plan.
J'en ai plusieurs. Voyons. Où sont donc mes tablettes?
La perte, pour le coup, seroit des plus complettes.
Tout-à-l'heure, à la main, je les avois encor.
Ah! je suis ruiné! J'ai perdu mon trésor!

SCENE XI.

DORANTE, DAMIS.

DAMIS.

AH, Monsieur, secourez les Muses attristées!
Mes tablettes, là-bas, dans les bois sont restées.
Suivez-moi! Cherchons-les! Aidons-nous!

DORANTE, *les lui rendant.*

         Les voilà.

DAMIS.

Je ne puis exprimer le plaisir....

DORANTE.

         Brisons-là.

D

DAMIS.
Vous me rendez l'espoir, le repos, & la vie.
DORANTE.
Mon dessein n'est pas tel; car je vous signifie
Qu'il faut, en ce logis, ne plus vous remontrer,
Et vous faire une affaire, ou n'y jamais rentrer.
DAMIS.
L'étrange alternative! Un ami la propose!
Ne puis-je avant d'opter, en demander la cause?
DORANTE.
Eh fi! L'air ingénu sied mal à votre front;
Et ce doute affecté n'est qu'un nouvel affront.
DAMIS.
C'est la pure franchise. En vérité, j'ignore....
DORANTE.
Quoi, Monsieur? Que Lucile est celle que j'adore?
DAMIS.
Non. Quand j'ai vu tantôt mes vers entre ses mains...
DORANTE.
Vous m'avez insulté; c'est de quoi je me plains.
DAMIS.
En quoi donc?
DORANTE.
C'étoit vous qui les lui faisiez lire.
DAMIS.
Moi!
DORANTE.
Vous. Plus je souffrois; plus je vous voyois rire...
DAMIS.
De ce qu'innocemment la Belle, malgré vous,
Révéloit un secret dont vous étiez jaloux.
DORANTE.
Non; mais de la noirceur de cette ame cruelle;
Et du plaisir malin de jouir, avec elle,
De la confusion d'un rival malheureux
Que vous avez joué de concert tous les deux.
C'est à quoi votre esprit, depuis un mois, s'occupe;

COMÉDIE. 75

Mais je ne ferai pas jufqu'au bout votre dupe :
Je veux, de mon côté, mettre aſſi les railleurs :
Et votre Epithalame ira ſervir ailleurs.
DAMIS.
Ah ! ce mot échappé me fait enfin comprendre....
DORANTE.
Songez vîte au parti que vous avez à prendre.
DAMIS.
Dorante !
DORANTE.
Vous voulez temporiſer en vain.
Ou partez tout-à-l'heure, ou l'épée à la main.
DAMIS.
Oppoſons quelque flegme aux vapeurs de la bile.
La valeur n'eſt valeur qu'autant qu'elle eſt tranquile ;
E je vois....
DORANTE.
Oh ! je vois qu'un Verſificateur
Entend l'art de rimer, mieux que le point d'honneur.
DAMIS.
C'en eſt trop. A vous même un mot eût pu vous rendre ;
Je ne le dirois plus, vouluſſiez-vous l'entendre.
C'eſt moi, qui maintenant vous demande raiſon.
Cependant on pourroit nous voir de la maiſon.
La place, pour nous battre, ici près eſt meilleure.
Marchons.

SCENE XII.
FRANCALEU, DORANTE, DAMIS.

FRANCALEU, *à Dorante, le prenant par le bras & ne le lâchant plus.*

EH, venez donc, Monſieur ! Depuis une heure,

D ij

Je vous cherche par-tout, pour vous lire mes vers.
DORANTE, à Francaleu.
A moi, Monsieur ?
FRANCALEU.
A vous.
DAMIS, à part.
Autre esprit à l'envers !
FRANCALEU.
Vous desirez, dit-on, ce petit sacrifice.
DORANTE.
Et qui m'a, près de vous, rendu ce bon office ?
FRANCALEU.
C'est Lisette.
DORANTE, bas à Damis.
C'est vous qu'elle veut servir.
Lui !
FRANCALEU.
Il voudroit qu'on fût sourd aux ouvrages d'autrui.
DAMIS, à Francaleu.
Loin de l'en détourner, c'est moi qui l'y convie.
DORANTE, à Damis.
Je lis dans votre cœur ; & je vois votre envie.
FRANCALEU.
Vous dites bien ; l'envie : oui ; c'est un envieux,
Qui voudroit sur lui seul, attirer tous les yeux.
DAMIS.
Ah ! vous pouvez, tous deux, à loisir vous complaire.
Lisez : & qu'il admire ; il ne sauroit mieux faire.
DORANTE, bas.
Tu crois m'échapper : mais....
DAMIS.
D'autant plus que Monsieur
A besoin maintenant d'un peu de belle humeur.
FRANCALEU, tirant un gros cahier de sa poche.
Ah ! quelque humeur qu'il ait, il faudra bien qu'il rie ;

COMÉDIE.

Et pour cela, d'abord je lis ma Tragédie.
DAMIS.
Rien ne pouvoit, pour lui, venir plus à propos.
FRANCALEU.
Pourvu que les fâcheux nous laiſſent en repos.
DAMIS, bas à Dorante.
Dès que vous le pourrez, ſongez à diſparoître.
Je vous attends, Monſieur.
FRANCALEU, à Damis.
Vous n'en voulez pas être ?
DORANTE, au même, s'efforçant de faire lâcher priſe à Francaleu.
Je ne vous quitte point.
DAMIS, à Francaleu.
Monſieur, excuſez-moi,
J'aime : & c'eſt un état, où l'on eſt guere à ſoi.
Vous ſavez qu'un amant ne peut reſter en place.
(Il s'en va.)
DORANTE, voulant courir après lui.
Par la même raiſon....

SCENE XIII.
FRANCALEU, DORANTE.
FRANCALEU, le retenant ferme.

Laiſſez, laiſſez de grace !
Il en veut à ma fille ; & je ſerois charmé
Qu'il parvînt à lui plaire, & qu'il en fût aimé.
DORANTE.
Oh ! parbleu, qu'il vous aime, & vous & vos ouvrages.
FRANCALEU.
Comme ſi nous avions beſoin de ſes ſuffrages !

D iij

DORANTE.
Le mien mérite peu que vous vous y teniez.
FRANCALEU.
Je serai trop heureux que vous me le donniez.
DORANTE.
Prodiguer à moi seul le fruit de tant de veilles !
FRANCALEU.
Moins l'assemblée est grande, & plus elle a d'oreilles.
DORANTE.
Si vous vouliez, pour lui différer d'un moment ?
FRANCALEU.
Non ; qui satisfait tôt, satisfait doublement.
(*Il lâche* DORANTE, *pour tirer ses lunettes.*)
DORANTE *s'évade*.

SCENE XIV.

FRANCALEU *continue, sans s'appercevoir de l'évasion de Dorante.*

Et c'est le moins qu'on doive à votre politesse,
D'avoir bien voulu prendre un rôle dans la Piece.
       (*Il déroule son cahier ; & lit.*)
La Mort de Bucéphale....
             (*Se retournant.*)
      Où, diable, est-il ? Comment !
On me fuit ! Oh ! parbleu, ce sera vainement.
Je cours après mon homme ; &, s'il faut qu'il m'échappe.
Je me cramponne après le premier que j'attrape ;
Et, bénévole ou non, dût-il ronfler debout,
L'auditeur entendra ma Piece jusqu'au bout.

Fin du troisième Acte.

ACTE IV.

SCENE PREMIERE.

LISETTE, *habillée & coeffée comme Lucile;*
MONDOR.

MONDOR.

JE n'osois t'aborder, vous prenant pour Lucile.
Tes habits même encore embarrassent mon style :
Et tantôt familier, tantôt respectueux....
Mais parlons du combat. Sommes-nous courageux ?

LISETTE.

Ton Maître a galamment soutenu cette affaire.
Ceux qui l'ont séparé d'avec son adversaire,
Disent qu'il s'y prenoit en brave Cavalier ;
Et, pour un Bel-esprit, qu'il est franc du collier.

MONDOR.

Il n'est sorte de gloire, à laquelle il ne coure.
Le Bel-esprit, en nous, n'exclut pas la bravoure.
D'ailleurs, ne dit-on pas, telles gens, tel patron ;
Et, dès que je le sers, peut-il être un poltron ?

LISETTE.

Voilà donc cet amour dont j'étois ignorante,
Et que j'ai cru toujours un rêve de Dorante?

MONDOR.

Mon Maître ne dit mot; mais, à la vérité,
Ce combat là tient bien de la rivalité.
En ce cas, mon adresse a tout fait.

LISETTE.

Ton adresse?

MONDOR.

Oui. J'ai, de sa conquête, honoré ta Maîtresse.
Celle qu'il recherchoit ne me convenant pas,
De Lucile, à propos, j'ai vanté les appas,
Lui conseillant d'avoir souvent les yeux sur elle,
Et de mettre un peu l'une & l'autre en parallele.
Il paroît qu'il n'a pas négligé mes avis.

LISETTE.

Il se repentiroit de les avoir suivis.
Envers & contre tous, je protege Dorante.

MONDOR.

Gageons que, malgré toi, mon Maître le supplante.
Car, étant né Poëte au suprême degré,
Lucile va d'abord le trouver à son gré.
Monsieur de Francaleu, déja l'aime & l'estime.
Du pere de Dorante, il n'est pas moins l'intime :
Et je porte un billet à ce pere adressé,
Qu'après s'être battu, sur l'heure, il a tracé.
Sachant des deux Vieillards la mésintelligence,
Il mande à celui-ci, selon toute apparence,
De rappeller un fils qui fait ici l'amour,
Et dont l'entêtement croîtroit de jour en jour.
Il saura, là-dessus, le rendre impitoyable.

S'il aime enfin Lucile, ainsi qu'il est croyable,
Prends de mes Almanachs; & tiens pour assuré
Que le bonheur de l'autre est fort aventuré.

LISETTE.

Mais cet autre, avec qui je suis de connivence,
A pris, depuis un mois, terriblement l'avance.
J'ai vu pâlir Lucile, au récit du combat.
D'une tendre frayeur le cœur encor lui bat.
Lucile s'est émue, & c'est pour lui, te dis-je:
Il a visiblement tout l'honneur du prodige.
Depuis, ils se sont même entretenus long-temps.
Je viens de les laisser l'un de l'autre contens.
Et je ne suis pas fille à négliger peut-être
Le succès d'un amour qu'en l'un d'eux j'ai fait naître.
Tu gages pour ton Maître; & moi, je te réponds,
Qu'avant la fin du jour, l'autre le coule à fond.

MONDOR.

La barque est à l'abri des fureurs de Neptune.
Songe donc qu'elle porte un Poëte & sa fortune.
Telle gloire le peut couronner aujourd'hui,
Qui mettroit pere & fille à genoux devant lui.
De ce coup décisif l'instant fatal approche.
L'amour m'arrache un temps que l'honneur me reproche.
Adieu. Que, devant nous, tout s'abaisse en ce jour;
Et que tous nos rivaux tremblent à mon retour.

D v

SCENE II.

LISETTE, *seule.*

« Telle gloire le peut couronner.... » J'ai beau dire,
Dorante pourroit bien avoir ici du pire.
Faisons la guerre à l'œil ; & mettons-nous au fait
De ce coup qui doit faire un si terrible effet.

SCENE III.

LISETTE, FRANCALEU, DAMIS.

FRANCALEU, *à Lisette qu'il ne voit que par derriere.*

Lucile, redoublez de fierté pour Dorante :
Vous n'êtes pas encore assez indifférente.
Vous souffrez qu'il vous parle ; & je défends cela,
Tout net. Entendez-vous, ma fille ?

LISETTE, *se tournant, & faisant la révérence.*

Oui, mon pere.

FRANCALEU.

Ha !
C'est toi, Lisette ?

LISETTE.

Hé bien ? ai-je tenu parole ?

COMÉDIE.

Lui ressemblé-je assez ? Jouerai-je bien son rôle ?
L'œil du pere s'y trompe ; & je conclus d'ici
Que bien d'autres, tantôt, s'y tromperont aussi.
FRANCALEU, à *Damis*.
Admirez, en effet, comme elle lui ressemble!
LISETTE.
Quand commencera-t-on ?
FRANCALEU, à *Lisette*.
      Tout-à-l'heure : on s'assemble.
Cependant, vas chercher ta Maîtresse, & l'instruis
Des dispositions où tu vois que je suis.
Si j'eus une raison, maintenant j'en ai trente
Qui doivent à jamais disgracier Dorante.

SCENE IV.
FRANCALEU, DAMIS.
FRANCALEU.

LA Coquine le sert indubitablement,
Et m'en a, sur son compte, imposé doublement.
Sur quoi donc, s'il vous plaît, vous-a-il fait querelle ?
DAMIS.
Sur un mal-entendu : pour une bagatelle.
FRANCALEU.
Ce procédé l'exclut du rang de vos amis.
DAMIS.
Quelque ressentiment pourroit m'être permis ;

Mais je suis sans rancune ; & ce qui se prépare
Va me venger assez de cet esprit bisarre.

FRANCALEU.

Ce que j'apprends encor, lui fait bien moins d'honneur.

DAMIS.

Quoi donc ?

FRANCALEU.

  Qu'il est le fils d'un maudit chicaneur,
Qui, n'écoutant priere, avis, ni remontrance,
Depuis dix ou douze ans, me plaide à toute outrance.
Des sottises d'un pere un fils n'est pas garant ;
Mais le tort que me fait ce plaideur est si grand,
Que je puis, à bon droit, haïr jusqu'à sa race.
Ce procès me ruine en sotte paperasse ;
Et sans le temps, les pas, & les soins qu'il y faut,
J'aurois été Poëte onze ou douze ans plutôt.
Sont-ce là, dites-moi, des pertes réparables ?

DAMIS.

Le dommage est vraiment des plus considérables.
Il faut que le Public intervienne au procès,
Et conclue, avec vous, à de gros intérêts.
Et Dorante n'a-t-il contre lui que son pere ?

FRANCALEU.

Pardonnez-moi, Monsieur, il a son caractere.
Je lui croyois du goût, de l'esprit, du bon sens ;
Ce n'est qu'un étourdi Cela tourne à tous vents.
Cervelle évaporée, esprit jeune & frivole
Que vous croyez tenir, au moment qu'il s'envole :
Qui me choque en un mot, & qui me choque au
  point
Que chez moi, sans ma Piece, il ne resteroit point.
Mais il le faut avoir, si je veux qu'on la joue ;
Et voilà trop de fois que mon Spectacle échoue.

COMÉDIE. 85

A propos, ce bon-homme avec qui vous jouez,
Plaît-il ? Que vous en semble ? excellent ! Avouez.

DAMIS.
Admirable !

FRANCALEU.
A-t-il l'air d'un pere qui querelle ?
Heim ! Comme sa surprise a paru naturelle !

DAMIS.
Attendez à juger de ce qu'il peut valoir,
Que vous en ayez vu ce que je viens d'en voir.
Il est original, en ces sortes de rôle.

FRANCALEU.
Pour un mois, avec nous, il faut que je l'enrôle.

DAMIS.
De l'humeur dont il est, j'admire seulement
Qu'il daigne se prêter à nous pour un moment.

FRANCALEU.
C'est que je l'ai flatté du succès d'une affaire.
Tirons-en donc parti, tandis qu'à nous complaire,
Et qu'à nous ménager, il a quelque intérêt.

DAMIS.
La troupe ne sauroit faire un meilleur acquêt.

FRANCALEU.
Si vous le souhaitez, c'est une affaire faite.

DAMIS.
Personne plus que moi, Monsieur, ne le souhaite.

FRANCALEU.
Et personne, Monsieur, n'y peut mieux réussir.

DAMIS.
Que moi ?

FRANCALEU.

Que vous.

DAMIS.

Par où ? Daignez m'en éclaircir.

FRANCALEU.

Vous pouvez, à la Cour, lui rendre un bon office.

DAMIS.

Plut au Ciel ! il n'est rien que pour lui je ne fisse.

FRANCALEU.

Vous êtes bien venu des Ministres ?

DAMIS.

Un Fat
Avoueroit que la Cour fait de lui quelque état ;
Et, passant du mensonge à la sottise extrême,
En le faisant accroire, il le croiroit lui-même.
Mais je n'aime à tromper ni les autres ni moi.
Un Poëte, à la Cour, est de bien mince aloi :
Des superfluités il est la plus futile.
On court au nécessaire ; on y songe à l'utile :
Ou si, vers l'agréable, on penche quelquefois,
Nous sommes éclipsés par le moindre minois ;
Et là, comme autre part, les sens entraînant l'homme,
Minerve est éconduite, & Vénus a la pomme.
Ainsi, je n'oserois vous promettre pour lui,
Sur un crédit si frêle, un bien solide appui.

FRANCALEU.

Ma parole, en ce cas, sera donc mal gardée ;
Car je comptois sur vous, quand je l'ai hasardée.

DAMIS.

Et de quoi s'agit-il encor ? voyons un peu.

FRANCALEU.

Il veut faire enfermer un frippon de neveu,

Un libertin qui s'eſt attiré ſa diſgrace,
En ne faiſant rien moins que ce qu'on veut qu'il faſſe:

DAMIS, *vivement.*

Oh! je le ſervirai, ſi ce n'eſt que cela;
Et mon peu de crédit ira bien juſques-là.

FRANCALEU, *voulant rentrer.*

Non, non, laiſſez! Parbleu, j'admire ma ſottiſe!

DAMIS, *l'arrêtant.*

Quoi donc?

FRANCALEU.

J'en vais charger quelqu'un dont je m'aviſe.

DAMIS.

Ah! gardez-vous-en-bien, s'il vous plaît!

FRANCALEU.

Et pourquoi?

DAMIS.

Quand je vous dis qu'on peut s'en repoſer ſur moi!

FRANCALEU.

C'eſt qu'avec celui-ci, l'affaire ira plus vîte.

DAMIS.

Je ſerois très-fâché qu'il en eût le mérite.

FRANCALEU.

Songez donc que, ce ſoir, il aura mon billet;
Et que j'aurai demain la lettre de cachet.

DAMIS.

Mon Dieu! laiſſez-moi faire. Ayez cette indulgence.

FRANCALEU.

Mais vous ne ferez pas la même diligence?

DAMIS.
Plus grande encore.
FRANCALEU.
Oh! non.
DAMIS.
Que direz-vous pourtant,
Si votre homme, ce soir, ce soir même, est content?
FRANCALEU.
Ce soir? Ah! sur ce pied, je n'ai plus rien à dire.
Mais comment ce temps-là pourra-t-il vous suffire?
DAMIS.
Je ne vous promets rien par de-là mon pouvoir.
FRANCALEU.
Vous promettez pourtant beaucoup.
DAMIS.
Vous allez voir.
Mais, Monsieur, on diroit, à cette ardeur extrême,
Qu'à ce pauvre neveu vous en voulez vous-même.
FRANCALEU.
Sans doute : & j'ai raison. L'oncle me fait pitié.
Et tout mauvais sujet mérite inimitié.
Tenez, j'ai toujours eu l'amour de l'ordre en tête.
Vous menez, par exemple, un train de vie honnête,
Vous; cela fait plaisir, mais n'étonnera pas:
Car vous me fréquentez, & vous suivez mes pas.
Des travers du jeune homme un fou sera la cause.
Aussi l'ordre du Roi, pour le bien de la chose,
Devroit faire enfermer, avec le libertin,
Tel chez qui l'on saura qu'il est soir & matin.
DAMIS *rit.*
FRANCALEU.
Vous riez! mais je parle en Pere de famille.

SCENE V.

LISETTE, FRANCALEU, DAMIS.

FRANCALEU, *à Lisette.*

Que viens tu m'annoncer ?

LISETTE, *à Francaleu.*

Que je me déshabille.

FRANCALEU.

Quoi ! la Piece...

LISETTE.

Est au croc une seconde fois.

FRANCALEU.

Faute d'Acteurs ?

LISETTE.

Tantôt il n'en manquoit que trois ;
Mais, ma foi, maintenant c'est bien une autre histoire.

FRANCALEU.

Quoi donc ?

LISETTE.

Vous n'avez plus d'Acteurs, ni d'Auditoire.

FRANCALEU.

Que dis-tu ?

LISETTE.

Tout défile, & vole vers Paris.

FRANCALEU.
Défertion totale ?
LISETTE.
Oui ; pour avoir appris
Que, ce foir, on y joue une Piece nouvelle
Dont le titre les pique, & les met en cervelle.
FRANCALEU.
Ah ! j'en fuis.
LISETTE.
L'heure preffe ; & tous ont décampé,
Comptant fe retrouver ici, pour le foupé.
DAMIS, à *Francaleu.*
Quelle rage ! A quoi bon cette brufque fortie ?
Comme s'ils n'euffent pu remettre la partie.
FRANCALEU, à *Damis.*
Non. Le fort d'une Piece eft-il en notre main ?
Nous en voyons mourir du foir au lendemain.
Celle-ci peut n'avoir qu'une heure ou deux à vivre.
Si nous la voulons voir, fongeons donc à les fuivre.
Venez.
DAMIS.
J'augure mieux de la Piece, que vous.
D'ailleurs, ce qui fe vient de conclure entre nous,
De foins très-férieux remplira ma foirée.
FRANCALEU.
Adieu donc. Demeurez, Monfieur de l'Empyrée.
Votre refus fait place à Monfieur Baliveau,
Qui, dans l'art du Théâtre étant encor nouveau,
Ne fera pas fâché qu'on le mene à l'école.
Qui plus eft, fon neveu l'occupe & le défole:

COMÉDIE. 91

Et la Piece nouvelle est un amusement,
Qui pourra le lui faire oublier un moment.
(*Il sort.*)

DAMIS, *à part.*

Oui dà ; c'est bien s'y prendre.

SCENE VI.

LISETTE, DAMIS.

LISETTE, *à part.*

Un peu de hardiesse.
Cet homme-ci, je crois, est l'auteur de la Piece !
Faisons qu'il se trahisse. Il en est un moyen.
(*haut.*)
Vous risquez, en tardant, de ne trouver plus rien.
Monsieur raisonnoit juste ; & votre attente est vaine ;
Car la Piece est mauvaise, & sa chûte est certaine.

DAMIS.

Certaine ?

LISETTE.

Oui, cet arrêt dût-il vous chagriner.

DAMIS.

Mademoiselle a donc le don de deviner ?

LISETTE.

Non ; mais c'est ce que mande un connoisseur en titre,
Dont le goût n'a jamais erré sur ce chapitre.

DAMIS.
Et ce grand connoisseur, dont le goût est si fin ?....
LISETTE, *contrefaisant son ton.*
Ne croit pas que la Piece aille jusqu'à la fin.
DAMIS.
Je voudrois bien savoir sur quelle conjecture.
LISETTE.
Sur ce qu'hier, chez lui, l'Auteur en fit lecture.
DAMIS.
Chez lui ? L'Auteur ? Hier ?
LISETTE.
   Oui. Qu'a donc ce discours ?....
DAMIS.
Je ne suis pas sorti d'ici, depuis huit jours.
LISETTE, *à part.*
Je le tiens.
DAMIS.
   C'est Alcipe. Oh ! c'est lui. Je le gage.
Nouvelliste effronté, suffisant personnage,
Qui raisonne au hasard de nous & de nos vers,
Et pour, ou contre nous, prévient tout l'Univers.
(*A Lisette.*)
Et n'a-t-il pas poussé l'impertinence extrême,
Jusqu'à nommer l'Auteur ?
LISETTE.
   Non, Monsieur ; c'est vous même
Qui venez de tout dire, & de vous déceler.
Alcipe, en tout ceci, n'a rien à démêler.
Moi seule je mentois : & je m'en remercie,
Vu le plaisir que j'ai de me voir éclaircie.
     (*Elle veut sortir.*)

COMÉDIE.

DAMIS, *la retenant.*

Lisette !

LISETTE.

Hé bien ?

DAMIS.

De grace ! Etourdi que je suis !

LISETTE.

Que voulez-vous de moi ?

DAMIS.

Du secret.

LISETTE.

Je ne puis.

DAMIS.

Quelques jours seulement !

LISETTE.

Cela n'est pas possible.

DAMIS.

Hé ! ne me faites pas ce déplaisir sensible.
Laissez-moi recevoir un encens qui soit pur,
En cas de réussite, ainsi que j'en suis sûr.

LISETTE.

J'imagine un marché d'une espece plaisante.
D'un secret tout entier la charge est trop pesante.
Partageons celui-ci par la belle moitié.
Tenez ; si vous tombez, je parle sans pitié.
Si vous réussissez, je consens de me taire.
Voilà, pour vous servir, tout ce que je puis faire.

DAMIS.

Et je n'en veux pas plus ; car je réussirai.

LISETTE.

Oh bien! en ce cas-là, Monsieur, je me tairai.

SCENE VII.

LISETTE, DAMIS, DORANTE.

DORANTE, *du fond du Théâtre, les voit & les écoute.*

DAMIS, *baisant les mains de Lisette.*

Avec cette promesse où mon espoir se fonde,
Je vous laisse, & m'en vais le plus content du monde.
(*Il sort.*)

SCENE VIII.

LISETTE, DORANTE.

LISETTE, *bas, appercevant Dorante, & lui tournant brusquement le dos.*

Le jaloux nous surprend ; le voilà furieux ;
Car je passe, à coup sûr, pour Lucile à ses yeux.

DORANTE, *se tenant à trois par derriere elle.*

Il sort plein d'un espoir fondé sur vos promesses !
Et moi, je sors honteux de vos propres foiblesses.
Adieu, Lucile. Adieu. Ne vous flattez jamais

COMÉDIE.

Que je vous aye aimée autant que je vous hais !
(*Il fait quelques pas pour s'en aller.*)

LISETTE, *bas.*

Donnons-nous, à notre aise, ici la comédie :
Car il va revenir.
(*Elle s'assied au-devant, & à l'un des coins du Théâtre, en face du Parterre, & leve l'éventail du côté par où Dorante peut l'aborder.*)

DORANTE, *croyant voir, dans cette attitude, l'embarras d'une personne confondue, & sans avancer.*

Ah ! quelle perfidie !
Me jouer à cet âge ! & passer, sans égard,
Des mains de la Nature, à ce comble de l'Art ;
M'avoir peint ce rival comme le moins à craindre !
M'avoir persuadé jusqu'au point de le plaindre !
Qu'avez-vous prétendu, par cette trahison ?
Pourquoi d'un vain espoir y mêler le poison ?
Ainsi donc, pour un autre, en secret alarmée,
Vous reteniez ma main, malgré moi désarmée ;
Et vouliez ralentir, du moins pour quelque instant,
La vengeance où je cours, perfide ! en vous quittant.

LISETTE, *effrayée.*

Dorante !

DORANTE.

Je m'arrête au cri de l'Infidelle !
Elle tremble, il est vrai : mais pour qui tremble-t-elle ?
N'importe : je l'adore ; écoutons-la. Parlez.
(*Se rapprochant.*)
Je veux encor, je veux tout ce que vous voulez.
Faut-il à vos frayeurs immoler ma colere ?
Vous me haïssez ?

LISETTE, *tendrement.*

Non.

DORANTE.

Un autre à su vous plaire ?

LISETTE.

Hé ! non.

DORANTE.

Puis-je y prétendre ?

LISETTE.

Oui.

DORANTE.

Dois-je m'y fier ?

Oui ; mon cœur me dit trop, pour vous justifier,
Que l'infidélité, sur-tout dans la jeunesse,
Souvent est moins un crime au fond, qu'une foi-
blesse,
Dont l'épreuve ne sert qu'à mieux en détourner,
Quand l'Epoux ou l'Amant savent la pardonner.

(*Il s'approche enfin d'elle tout transporté.*)

Je vous pardonne donc ; & même vous excuse.
Lisette est contre moi, Lisette vous abuse ;
Ce sont ici des coups qu'elle seule a conduits ;
C'est elle qui me met dans l'état où je suis.

LISETTE, *sans mettre bas encore l'éventail.*

Il est vrai.

SCENE

SCENE IX.

LUCILE, DORANTE, LISETTE.

DORANTE, *se jettant aux genoux de* LISETTE, *& lui prenant la main.*

C'EST assez! Mon ame satisfaite....

LUCILE, *haut, du fond du Théâtre.*

Veillé-je ou non? Dorante aux genoux de Lisette!

LISETTE, *baissant enfin l'éventail & se levant.*

Lui-même & qui me fait fort joliment sa cour.

DORANTE, *à Lucile.*

Son travestissement faisoit à mon amour
Commettre, je l'avoue, une étrange bévue.

LISETTE.

Madame, vous plaît-il que je vous restitue
Les fleurettes qu'avant d'embrasser mes genoux,
Monsieur me débitoit, croyant parler à vous ?
N'en déplaise à l'Amour si doux dans ses peintures,
Je vous restituerois un beau torrent d'injures.

DORANTE, *à Lisette.*

Eh! quel autre, à ma place, eût pu se contenir?

LISETTE, *à Dorante.*

Je vous devois cela, Monsieur, pour vous punir.

LUCILE.

Eh quoi! Dorante, après mille & mille assurances,

E

Qui, tout-à-l'heure encor, paſſoient vos eſpérances,
Le reproche & l'injure aigriſſoient vos diſcours;
Et ſur le ton plaintif on vous trouve toujours !

DORANTE, à Lucile.

Loin de vous voir ici vous plaindre de moi-même,
Vous qui ſavez, Madame, à quel point je vous aime,
Souffrez qu'on vous inſtruiſe; après quoi, décidez
Si mes ſoupçons jaloux n'étoient pas bien fondés.
Je ſurprends mon rival....

LUCILE.

    Oui ; j'ai tort de me plaindre.
En effet, ma foibleſſe autoriſe à tout craindre;
Et l'aveu que j'ai fait, trop naïf & trop prompt,
De votre défiance a mérité l'affront.

DORANTE.

Mais ayez la bonté....

LUCILE.

    Ma bonté m'a trahie.
Vous feriez, je le vois, le malheur de ma vie.
Je ne recueillerois de mes ſoins les plus doux,
Que l'éclat ſcandaleux des fureurs d'un jaloux.
Que n'ai-je conſervé, prévoyante & ſoumiſe,
L'inſenſiblité que je m'étois promiſe !

(*Avec des larmes.*)

Liſette, je t'ai crue ; & toi ſeule, tu m'as,....

LISETTE, à Dorante, voyant pleurer Lucile.

N'avez-vous point de honte ?

DORANTE, à Liſette.

    Et ne m'accable pas.

(A Lucile.)

Tu sais mon innocence. Appaisez vos alarmes,
Lucile ! Retenez ces précieuses larmes.
C'est mon injuste amour qui les a fait couler;
C'est lui qui, toutefois, pour moi doit vous parler.
L'amour est défiant, quand l'amour est extrême.

LUCILE.

S'il se faut quelquefois défier quand on aime,
C'est de tout ce qui peut, dans le cœur alarmé,
Soulever des soupçons contre l'objet aimé.
Je tiens, vous le savez, cette sage maxime,
De ces vers qui vous ont mérité mon estime,
De votre propre Idyle, ouvrage séducteur,
Où votre esprit se montre, & non pas votre cœur.

DORANTE.

Ni l'un ni l'autre. Il faut qu'enfin je le confesse,
Madame, & que je cede au remords qui me presse.
Du moins vous concevrez, après un tel aveu,
Pourquoi tout mon bonheur me rassuroit si peu;
C'est que je n'en jouis qu'à titre illégitime :
C'est que tous ces Écrits, source de votre estime,
Vous venoient par mes soins, mais ne sont pas de moi.

LUCILE.

Ils ne sont pas de vous !

DORANTE.

Non.

LISETTE, à part.

Le sot homme !

LUCILE.

Quoi ! ....

DORANTE.

Laissant lire, il est vrai, dans le fond de mon ame,
J'inspirois le Poëte, en lui peignant ma flamme.

Que son art, à mon gré, s'y prenoit foiblement!
Et que le bel-esprit est loin du sentiment!
Mais cet art vous amuse; il a fallu vous plaire,
Laisser dire des riens, sentir mieux, & se taire.
N'est-ce donc qu'à l'esprit que votre cœur est dû?
Et ma sincérité m'auroit-elle perdu ?

LUCILE.

Votre sincérité mérite qu'on vous aime,
Dorante; aussi pour vous suis-je toujours la même.
Tel est enfin l'effet de ces vers que j'ai lus;
J'étois indifférente & je ne la suis plus:
Et je sens que, sans vous, je la serois encore.

DORANTE.

Vous ne vous plaindrez plus d'un cœur qui vous adore,
Où vous établissez la paix & le bonheur,
Et qui commence enfin d'en goûter la douceur.

LISETTE, à *Dorante*.

Treve de beaux discours. Il est temps que j'y pense.
De par Monsieur, expresse & nouvelle défense
De souffrir que jamais vous osiez nous parler.

DORANTE, à *Lucile*.

Il aura su mon nom!

LUCILE.

    Ah! tu me fais trembler!

LISETTE.

Et même ici quelqu'un peut-être nous épie.
Séparez-vous. Rentrez, Madame, je vous prie.
Nous allons concerter un projet important.

DORANTE, à *Lucile*.

Rassurez-moi d'un mot encore, en me quittant,
Où déja mon espoir est tout prêt à s'éteindre.

LUCILE.

De vos rivaux du moins vous n'avez rien à craindre.
Mon pere pourra bien, en ce commun danger,
Désapprouver mon choix, mais jamais le changer.

SCENE X.

LISETTE, DORANTE.

DORANTE.

Quelqu'un m'a défervi près de lui, je parie.

LISETTE.

Eh! ne vous en prenez qu'à votre étourderie,
Et qu'au brufque mépris dont vous avez heurté
La rage qu'il avoit, tantôt, d'être écouté.

DORANTE.

Oui, j'ai tort, je l'avoue. A préfent il peut lire,
Je l'écoute : ou plutôt, fans cela, je l'admire;
Et m'offre, en trouvant beau tout ce qui lui plaira,
De me couper la gorge avec qui le niera.

LISETTE.

Ce n'eft pas maintenant votre plus grande affaire.
Songez à profiter d'un avis falutaire.
Pourriez-vous nous trouver de ces perturbateurs
Du repos du Parterre & des pauvres Auteurs,
Contre les Nouveautés fignalant leurs prouefles,
Et fe faifant un jeu de la chûte des Pieces?

DORANTE.

Que, diable, en veux-tu faire? Oui, vraiment, j'en
connois.

LISETTE.

Courez les ameuter, pour aller aux François,
Sur ce qui s'y jouera, faire éclater l'orage.
La Piece est de l'Auteur qui vous fait tant d'ombrage.
Le pere de Lucile y vient d'aller....

DORANTE.

Tu veux....

LISETTE.

Ah ! j'en serois d'avis. Faites le scrupuleux.
Damis ne l'est pas tant, lui ; car, à votre pere,
Il a de votre amour écrit tout le mystere :
Ce n'aura pas été pour vous servir, je crois.
Et vous le voudriez ménager ! Et sur quoi ?
Les plaisans intérêts pour balancer les vôtres !
Une Piece tombée, il en renaît mille autres ;
Mais Lucile perdue, où sera votre espoir ?
Monsieur de Francaleu, vous dis-je, va la voir.
Il n'a déja que trop ce bel Auteur en tête :
S'il le voit triompher, c'est fait ; rien ne l'arrête :
Il lui donne sa fille, & croiroit aujourd'hui
S'allier à la Gloire, en s'alliant à lui.

DORANTE.

Ah ! tu me fais frémir ; & des transes pareilles
Me livrent en aveugle à ce que tu conseilles !

SCENE XI.
LISETTE, *seule.*

HA, ha ! Monsieur l'Auteur, avec votre air humain,
Vous endormez les gens ; vous écrivez sous main ;
Vous avez du manége ; & votre esprit superbe
Croit déja, sous le pied, nous avoir coupé l'herbe !
Un bon coup de sifflet va vous être lâché ;
Et vous savez alors quel est notre marché.

Fin du quatrieme Acte.

ACTE V.

SCENE PREMIERE.

DAMIS, *seul*.

JE ne me connois plus, aux transports qui m'agitent.
En tous lieux, sans dessein, mes pas se précipitent.
Le noir pressentiment, le repentir, l'effroi,
Les présages fâcheux volent autour de moi.
Je ne suis plus le même enfin, depuis deux heures.
Ma Piece, auparavant, me sembloit des meilleures :
Maintenant je n'y vois que d'horribles défauts ;
Du foible, du clinquant, de l'obscur & du faux.
De-là, plus d'une image annonçant l'infamie ;
La critique éveillée ; une loge endormie ;
Le reste de fatigue & d'ennui harassé ;
Le souffleur étourdi, l'acteur embarassé ;
Le Théâtre distrait ; le parterre en balance,
Tantôt bruyant, tantôt dans un profond silence ;
Mille autres visions qui toutes, dans mon cœur,
Font naître également le trouble & la terreur.

(*Regardant à sa montre.*)

Voici l'heure fatale où l'arrêt se prononce !

Je seche. Je me meurs. Quel métier ! J'y renonce.
Quelque flatteur que soit l'honneur que je poursuis,
Est-ce un équivalent aux horreurs où je suis ?
Il n'est force, courage, ardeur qui n'y succombe.
Car enfin, c'en est fait ; je péris, si je tombe.
Où me cacher ? Où fuir ? Et par où désarmer
L'honnête oncle qui vient pour me faire enfermer ?
Quelle égide oppoſer aux traits de la Satyre ?
Comment paroître aux yeux de celle à qui j'aſpire ?
De quel front, à quel titre oſerois-je m'offrir,
Moi, miſérable Auteur qu'on viendroit de flétrir ?

(*Après quelques momens de silence & d'agitation.*)

Mais mon incertitude est mon plus grand supplice :
Je supporterai tout, pourvu qu'elle finiſſe.
Chaque inſtant qui s'écoule, empoiſonnant ſon cours,
Abrege, au moins d'un an, le nombre de mes jours.

SCENE II.

FRANCALEU, DAMIS, BALIVEAU.

FRANCALEU, à *Damis*.

HÉ bien ! une autre fois, malgré mes conjectures,
Vous fierez-vous encore à vos heureux augures,
Monſieur ? J'avois donc tort tantôt de vous prêcher
Que, lorſqu'on veut tout voir, il faut ſe dépêcher !
Voilà pourtant, voilà, la nouveauté..... flambée.

DAMIS, à part.

(*Haut.*)

Et mon ſort décidé ! Je reſpire. Tombée ?

COMÉDIE.

FRANCALEU.

Tout-à-plat.

DAMIS.

Tout-à-plat?

BALIVEAU, *à Damis.*

Oh! tout-à-plat.

DAMIS, *froidement, à Baliveau.*

Tant-pis.

(*A part.*)
C'est qu'ils auront joué comme des étourdis.

BALIVEAU.

Sifflée, & resifflée.

DAMIS.

Et le méritoit-elle?

BALIVEAU.

Il ne faut pas douter que l'Auteur n'en appelle.
Le plus impertinent n'a jamais dit : « J'ai tort. »

FRANCALEU, *à Baliveau.*

Celui-ci pourroit bien n'en pas tomber d'accord,
Sans être, pour cela, taxé de suffisance :
Car jamais le Public n'eut moins de complaisance.
Comment veut-il juger d'une Piece, en effet,
Au tintamarre affreux qu'au Parterre on a fait?
Ah! nous avons bien vu des fureurs de cabale;
Mais jamais il n'en fut, ni n'en sera d'égale.
La Piece étoit vendue aux sifflets aguerris
De tous les étourneaux des Caffés de Paris.
Il en est venu fondre un essaim! des nuées!
Cependant, à travers les brocards, les huées,
Le carillon des toux, des nez, des paix-là, paix;
J'ai trouvé....

BALIVEAU, à *Francaleu.*
Ma foi, moi, j'ai trouvé tout mauvais.
FRANCALEU.
On en peut mieux juger, puisque l'on s'en escrime.
Morbleu, je le maintiens....
DAMIS *l'écoute avidement.*
FRANCALEU, à *Damis.*
J'ai trouvé.... telle rime....
DAMIS *cesse de l'écouter.*
FRANCALEU, *continuant.*
Oui, telle rime digne elle seule, à mon gré,
De relever l'Auteur que l'on a dénigré.
BALIVEAU.
Tout ce que peut de mieux l'Auteur, avec sa rime,
Ce sera, s'il m'en croit, de garder l'anonyme;
Et de n'exercer plus un talent suborneur,
Dont les productions lui font si peu d'honneur.
DAMIS.
C'est, s'il eût réussi, qu'il pourroit vous en croire,
Et demeurer oisif, au sein de la victoire;
De peur qu'une démarche à de nouveaux lauriers
Ne portât quelque atteinte à l'éclat des premiers;
Mais contre ses rivaux, & leur noir malice,
Le parti qui lui reste, est de rentrer en lice;
Sans que jamais il songe à la désemparer,
Qu'il ne les force, eux-mêmes, à venir l'admirer.
Le nocher, dans son art, s'instruit pendant l'orage:
Il n'y devient expert, qu'après plus d'un naufrage.
Notre sort est pareil, dans le métier des vers:
Et, pour y triompher, il y faut des revers.
FRANCALEU.
C'est parler en Poëte, en Héros, en grand-homme.

(A Baliveau.)
Vous êtes stupéfait ; ce trait-là vous assomme :
Vive les grands esprits, pour former les grands cœurs !
Mais cela n'appartient qu'à nous autres Auteurs.
(A Damis.)
N'est-pas, mon confrere ?

SCENE III.

BALIVEAU, DAMIS, MONDOR, FRANCALEU.

MONDOR *fait signe à* DAMIS *qu'il voudroit lui parler à l'écart.*

DAMIS, à Mondor.

Hé bien ?

MONDOR, bas & sanglottant.

Je vous annonce....

DAMIS.

Je sais, je sais. Ma lettre ?

MONDOR, lui remettant une lettre.

En voilà la réponse.

DAMIS.

Laisse-nous, je te suis.

MONDOR, sort.

SCENE IV.

FRANCALEU, DAMIS, BALIVEAU.

DAMIS.

Messieurs, permettez-moi
D'aller décacheter à l'écart ; après quoi,
Je compte vous rejoindre : &, laissant vers & prose,
Nous nous entretiendrons, s'il vous plaît, d'autre
chose.

(Il sort.)

SCENE V.

FRANCALEU, BALIVEAU.

BALIVEAU.

Oui : changeons de propos, & laissons tout cela.

FRANCALEU.

Si vous saviez combien j'aime ce garçon-là !...

BALIVEAU.

C'est qu'à ce que je vois, sa marotte est la vôtre.

FRANCALEU.

C'est que cela jamais n'a rien dit comme un autre.

BALIVEAU.
Belle prérogative!
FRANCALEU.
« Une lice, un nocher:
» Comme nous n'allons droit, qu'à force de bro-
   cher ».
Plaît-il? Vous l'entendiez?
BALIVEAU.
Moi, non; j'avois en tête
La lettre de cachet qui, dites-vous, est prête.
FRANCALEU.
Ce jeune homme n'est pas du commun des Humains.
Déja les grands seigneurs se l'arrachent des mains.
BALIVEAU.
J'enrage! Revenons, de grace, à la promesse
Dont vous m'avez tantôt flatté pendant la Piece.
FRANCALEU.
Vous parlez d'une Piece? Ah! s'il en fait jamais,
Ce sera de l'exquis; c'est moi qui le promets;
Et je défierai bien la cabale d'y mordre.
BALIVEAU, *s'emportant.*
Parlez! Aurai-je enfin, n'aurai-je pas mon ordre?
FRANCALEU.
Eh, tranquillisez-vous! Soyez sûr de l'avoir.
Oui, vous serez content, ce soir même; ce soir:
C'est le terme qu'il prend. Votre affaire est certaine.
Et, tenez, son retour va vous tirer de peine;
Car je gagerois bien que, tout en badinant,
L'ordre est dans le paquet qu'il ouvre maintenant.
BALIVEAU.
Qu'il ouvre maintenant! Qui?

FRANCALEU.
Celui qui nous quitte.
BALIVEAU.
Plaît-il ?
FRANCALEU.
Etes-vous sourd ? Cet homme de mérite.
BALIVEAU.
Monsieur de l'Empyrée ?
FRANCALEU.
Et qui donc ?
BALIVEAU.
Quoi ! C'est lui
Dont le zele, pour moi, sollicite aujourd'hui ?
FRANCALEU.
Lui-même. Il a trouvé que vous jouiez en Maître ;
Et votre admirateur, autant que l'on doit l'être,
Il veut vous enrôler, pour un mois, parmi nous.
Moi, le voyant d'humeur à tout faire pour vous,
J'ai dû le mettre au fait de ce qui vous intrigue,
Et des égaremens de votre Enfant prodigue.
Il a, sur cette affaire, obligeamment pris feu,
Comme si c'eût été la sienne propre.
BALIVEAU, *s'en allant.*
Adieu.
FRANCALEU, *l'arrêtant.*
Comment donc ?
BALIVEAU.
Vous avez opéré des prodiges !
FRANCALEU.
Monsieur le Capitoul, vous avez des vertiges.

COMÉDIE.
BALIVEAU.
Eh ! c'est vous qui, plutôt que mon neveu cent fois,
Mériteriez.... Je suis le moins sensé des trois.
Serviteur.

(Il va pour sortir.)

FRANCALEU, *le retenant.*
Mais encore ! Entre amis, l'on s'explique.
Ne pourroit-on savoir quelle mouche vous pique ?
Quoi ! lorsque nous tenons....

BALIVEAU.
Non, nous ne tenons rien,
Puisqu'il faut vous le dire ; & cet homme de bien,
Au mérite de qui vous êtes si sensible,
Est le pendard à qui j'en veux.

FRANCALEU.
Est-il possible ?

BALIVEAU.
Le voilà ! Maintenant, soyez émerveillé
Du jeu de la surprise où j'ai tantôt brillé :
Si j'eusse vu le Diable, elle eût été moins grande.

FRANCALEU.
Je vous en offre autant. A présent, je demande
Où vous prenez le mal que vous m'en avez dit.
Un garçon studieux, de probité, d'esprit ;
Beau feu ; judiciaire ; en qui tout se rassemble ;
Un phénix, un trésor....

BALIVEAU.
Un fou qui vous ressemble.
Allez, vous méritez cette apostrophe-là.
De bonne-foi, sied-il, à l'âge où vous voilà,
Fait pour morigéner la Jeunesse étourdie,
Que, par vous-même, au mal elle soit enhardie.

Et que l'écervelé qui me brave aujourd'hui,
Au lieu d'un Adverſaire, en vous, trouve un appui ?
Il verſifiera donc ! Le beau genre de vie !
Ne ſe rendre fameux, qu'à force de folie !
Etre, pour ainſi dire, un homme hors des rangs,
Et le jouet titré des Petits & des Grands !
Examinez les gens du métier qu'il embraſſe.
La Pareſſe ou l'Orgueil en ont produit la race :
Devant quelques oiſifs, elle peut triompher ;
Mais, en bonne police, on devroit l'étouffer.
Oui ! Comment ſouffre-t on leurs licences extrêmes ?
Que font-ils pour l'État, pour les leurs, pour eux-
    mêmes ?
De la ſociété veritables Frêlons,
Chacun les y mépriſe, ou craint leurs aiguillons.
Damis eût figuré dans un poſte honorable ;
Mais ce ne ſera plus qu'un gueux, qu'un miſérable,
A la perte duquel, en homme infatué,
Vous aurez eu l'honneur d'avoir contribué.
Félicitez-vous bien, l'œuvre eſt très-méritoire !

ERANCALEU.

Oncle indigne à jamais d'avoir part à la gloire
D'un neveu qui déja vous a trop honoré !
Savez-vous ce que c'eſt que tout ce long narré ?
Préjugé populaire ! eſprit de Bourgeoiſie,
De tout temps gendarmé contre la Poéſie.
Mais apprenez de moi qu'un ouvrage d'éclat
Ennoblit bien autant que le Capitoulat.
Apprenez...

BALIVEAU.

    Apprenez de moi, qu'on ne voit guere
Les honneurs en ce ſiecle accueillir la miſere :
Et que la pauvreté, par qui tout s'avilit,
Faite pour dégrader, rarement ennoblit.
Forgez-vous des plaiſirs de toutes les eſpeces.

COMÉDIE. 113

On fait comme on l'entend, quand on a vos richesses:
Mais lui, que voulez-vous qu'il devienne à la fin?
Son partage assuré, c'est la soif & la faim....
Et, d'un œil satisfait, on veut que je le voie!
Soit: à vos visions, je l'abandonne en proie.
Il peut se reposer de ses nobles destins,
Sur ceux qui, dites-vous, se l'arrachent des mains.
Qu'il périsse. Il est libre. Adieu.
(Il va pour sortir.)

FRANCALEU, *le retenant.*

Je vous arrête,
En véritable ami dont la réplique est prête;
Et vais vous faire voir, avec précision,
Que nous ne sommes pas des gens à vision.
 Si j'admire en Damis un don qui vous irrite,
Votre chagrin me touche, autant que son mérite:
Afin donc que son sort ne vous alarme plus,
Je lui donne ma fille, avec cent mille écus.

BALIVEAU.

Qu'entends-je?

FRANCALEU.

Assurément, c'est n'être pas à plaindre:
Car elle a de l'esprit, est belle, faite à peindre....
Holà, quelqu'un!... Vous-même en jugerez ainsi.

SCENE VI.

UN LAQUAIS, FRANCALEU, BALIVEAU.

FRANCALEU, au Laquais.

Que l'on cherche Lucile, & qu'elle vienne ici.
LE LAQUAIS *sort*.

SCENE VII.

FRANCALEU, BALIVEAU.

FRANCALEU, à part.

Aussi-bien elle hésite, & rien ne se décide.
(*A Baliveau.*)
Qu'est-ce ? Vous mollissez ; votre front se déride ;
Vous paroissez ému.

BALIVEAU.

    Je le suis en effet.
Vous êtes un ami bien rare & bien parfait !
Un procédé si noble est-il imaginable ?
Ne me trouvez donc pas, au fond, si condamnable.
Nous perçons l'avenir ainsi que nous pouvons,
Et sur le train des mœurs du siecle où nous vivons.
Quand à faire des vers un jeune esprit s'adonne,

Même en l'applaudiſſant, je vois qu'on l'abandonne.
Damis, de ce côté, ſe porte avec chaleur ;
Et je ne lui pouvois pardonner ſon malheur ;
Mais, dès que d'un tel choix votre bonté l'honore....

SCÈNE VIII.

FRANCALEU, BALIVEAU, DAMIS.

FRANCALEU, à Damis.

Venez, venez, Monſieur. Une autrefois encore
Vous ſerez à la Cour notre ſolliciteur.
Vous vous flattiez, ce ſoir, de contenter Monſieur.

DAMIS, bas à Baliveau.

M'avez-vous trahi ?

BALIVEAU, bas, à Damis.

(Haut.)

Non. Qu'entre-nous tout s'oublie,
Damis. Voici quelqu'un qui nous réconcilie ;
Qui ſignale, à tel point, ſon amitié pour nous,
Qu'il s'acquiert à jamais les droits que j'eus ſur vous.
Monſieur vous fait l'honneur de vous choiſir pour
    gendre.

DAMIS est interdit.

BALIVEAU.

Ainſi que moi, la choſe a lieu de vous ſurprendre ;
Car, de quelques talens que vous fuſſiez pourvu,
Nous n'oſions eſpérer ce bonheur imprévu ;
Mais la joie auroit dû, ſuspendant ſa puiſſance,
Avoir déja fait place à la reconnoiſſance.

(*Bas.*)

Tombez donc aux genoux de votre bienfaiteur.

DAMIS, *d'un air embarraſſé.*

Mon oncle....

BALIVEAU.

Hé bien?

DAMIS.

Je ſuis....

FRANCALEU, *à Damis.*

Quoi?

DAMIS.

L'humble adorateur
Des graces, de l'eſprit, des vertus de Lucile;
Mais de tant de bontés l'excès m'eſt inutile.
Rien ne doit l'emporter ſur la foi des ſermens;
Et j'ai pris, en un mot, d'autres engagemens.

FRANCALEU.

Ha!

BALIVEAU, *à Francaleu.*

Le voilà cet homme au-deſſus du vulgaire,
Dont vous vantiez l'eſprit & la judiciaire,
Qui, tout-à-l'heure, étoit un Phénix, un tréſor!
Hé bien! de ces beaux noms, le nommez-vous
    encor?

(*A Damis.*)

Vas! maudit ſoit l'inſtant où mon malheureux
    frere,
M'embarraſſa d'un monſtre, en devenant ton pere!
                              (*Il ſort.*)

SCENE IX.

FRANCALEU, DAMIS.

FRANCALEU.

Monsieur, la Poésie a ses licences; mais
Celle-ci passe un peu les bornes que j'y mets;
Et votre oncle, entre nous, n'a pas tort de se plaindre.

DAMIS.

Les inclinations ne sauroient se contraindre.
Je suis fâché de voir mon oncle mécontent;
Mais vous-même, à ma place, en auriez fait autant.
Car je vous ai surpris, louant celle que j'aime,
A la louer en homme épris plus que moi-même,
Et dont le sentiment sur le mien renchérit.

FRANCALEU.

Comment! la connoîtrois-je?

DAMIS.

Oui; du moins son esprit.
Grace à l'heureux talent dont l'orna la Nature,
Il est connu par-tout où se lit le Mercure.
C'est-là que sous les yeux de nos lecteurs jaloux,
L'Amour, entre elle & moi, forma des nœuds si doux.

FRANCALEU.

Quoi! ce seroit?... Quoi! C'est... la Muse originale
Qui, de ses impromptus, tous les mois nous régale?

DAMIS.

Je ne m'en cache plus.

FRANCALEU.

    Ce bel-esprit sans pair….

DAMIS.

Hé, oui!

FRANCALEU.

Mériadec… De Kersic… de Quimper….

DAMIS.

En Bretagne. Elle-même. Il faut être équitable.
Avouez maintenant; rien est-il plus sortable?

FRANCALEU, *éclatant de rire.*

Embrassez-moi!

DAMIS.

    De quoi riez-vous donc si haut?

FRANCALEU.

Du pauvre oncle qui s'est effarouché trop tôt;
Mais nous l'appaiserons; rien n'est gâté.

DAMIS.

      Sans doute.
Il sortira d'erreur, pour peu qu'il nous écoute.

FRANCALEU.

Oh, c'est vous qui, pour peu que vous nous écoutiez,
Laisserez, s'il vous plaît, l'erreur où vous étiez.

DAMIS.

Quelle erreur? Qu'insinue un pareil verbiage?

FRANCALEU.

Que vous comptez en vain faire ce mariage.

DAMIS.

Ah! vous aurez beau dire.

COMÉDIE.

FRANCALEU.
Et vous, beau protester.
DAMIS.
Je l'ai mis dans ma tête.
FRANCALEU.
Il faudra l'en ôter.
DAMIS.
Parbleu non!
FRANCALEU.
Parbleu si! Parions.
DAMIS.
Bagatelle!
FRANCALEU.
La Personne pourroit, par exemple, être telle....
DAMIS.
Telle qu'il vous plaira : suffit qu'elle ait un nom.
FRANCALEU.
Mais laissez dire un mot; & vous verrez que non.
DAMIS.
Rien, Rien.
FRANCALEU.
Sans la chercher si loin....
DAMIS.
J'irois à Rome.
FRANCALEU.
Que faire?
DAMIS.
L'épouser. Je l'ai promis.

FRANCALEU.

Quel homme!

DAMIS.

Et, tout en vous quittant, j'y vais tout difpofer.

FRANCALEU.

Oh! difpofez-vous donc, Monfieur, à m'époufer!
A m'époufer, vous dis-je : oui, moi, moi. C'eft moi-même,
Qui fuis le bel objet de votre amour extrême.

DAMIS.

Vous ne plaifantez point?

FRANCALEU.

Non; mais, en vérité,
J'ai bien, à vos dépens, jufqu'ici plaifanté;
Quand fous le mafque heureux qui vous donnoit le change,
Je vous faifois chanter des vers à ma louange.
Voilà de vos arrêts, Meffieurs les Gens de goût!
L'ouvrage eft peu de chofe : & le nom feul fait tout.
Oh çà! laiffons donc là ce burlefque hymenée.
Je vous remets la foi que vous m'avez donnée.
Ma fille en cas pareil, me vaudra bien, je crois;
Et n'eft pas un parti moins fortable que moi.

SCENE

SCENE X.

LISETTE, LUCILE, FRANCALEU, DAMIS.

FRANCALEU, *voyant entrer Lucile.*

Tenez, lui pourriez-vous refuser quelque estime ?
            DAMIS, *à part.*
Ah ! Lisette la suit. Malheur à l'Anonyme !
            FRANCALEU, *à Lucile.*
Mignone, venez-çà : Vous voyez devant vous,
Celui dont j'ai fait choix pour être votre Époux.
Ses talens....
            LISETTE, *à Francaleu.*
            Ses talens ! C'est où je vous arrête...
            FRANCALEU, *à Lisette.*
Qu'on se taise.
            LISETTE.
            Apprenez....
            FRANCALEU.
            Ne me romps pas la tête,
Coquine ! Tu crois donc que je sois à sentir
Que, tout le jour ici, tu n'as fait que mentir ?
            DAMIS, *bas, à Francaleu.*
Faites qu'elle nous laisse un moment, & pour cause.
            FRANCALEU.
Va-t-en.

LA MÉTROMANIE;

LISETTE.

Qu'auparavant je vous dise une chose.

FRANCALEU.

Je ne veux rien entendre.

LISETTE.

Et moi, je veux parler.
Tenez, voilà l'Auteur que l'on vient de siffler.

DAMIS, *haut.*

Maintenant, elle peut rester.

FRANCALEU.

L'Impertinente !

DAMIS.

A dit vrai.

LISETTE, *bas, à Lucile.*

Tenez bon ; je vais chercher Dorante.
(*Elle sort.*)

SCENE XI.

LUCILE, FRANCALEU, DAMIS.

FRANCALEU, à Damis.

Elle a dit vrai?

DAMIS, à Francaleu.

Très-vrai.

FRANCALEU.

La nouvelle, en ce cas,
M'étonne bien un peu, mais ne me change pas.
Et ma fille n'est pas non plus si mal-habile....

LUCILE, à Francaleu.

Mon pere....

DAMIS.

Permettez, belle & jeune Lucile....

LUCILE, à Damis.

Permettez-moi, Monsieur, vous-même, de parler.
(A Francaleu.)
Mon pere, il n'est plus temps de rien dissimuler.
Vous vous êtes prescrit cette loi généreuse
Que par mon propre choix je me rendrois heureuse;
Et c'est ainsi qu'un pere est toujours adoré,
Et que, moins il est craint, plus il est révéré.
Vous m'avez ordonné sur-tout d'être sincere,
Et d'oser là-dessus m'expliquer sans mystere;
Mon devoir le veut donc, ainsi que mon repos.

F ij

FRANCALEU, à *Lucile*.
(*Bas.*)

Au fait. J'augure mal de cet avant-propos.

LUCILE.

Parmi les jeunes gens que ce lieu-ci rassemble...

FRANCALEU.

Ah ! fort bien.

LUCILE.

Rassurez votre fille qui tremble,
Et qui n'ose qu'à peine embrasser vos genoux.

FRANCALEU.

Vous penchiez pour quelqu'un ; j'en suis fâché pour vous.
Pourquoi tardiez-vous tant à me le venir dire ?

LUCILE.

C'est que celui-ci vers qui ce doux penchant m'attire,
Est le seul justement que vous aviez exclus.

FRANCALEU.

Quoi ! Quand j'ai mes raisons....

LUCILE.

Vous ne les avez plus.
Vous craigniez qu'il ne fût dans les liens d'une autre :
Il m'aimoit : mon aveu n'attend plus que le vôtre.
N'usez pas contre moi de tout votre pouvoir,
Accordez aujourd'hui mon cœur & mon devoir ;
Ou privez-moi du monde à qui j'étois rendue.
Hélas ! il n'a brillé qu'un instant à ma vue :
Je fermerai les yeux, sur ce qu'il a d'attraits :
Puisse le Ciel m'y rendre insensible à jamais !

FRANCALEU.

La sotte chose en nous, que l'amour paternelle !
Ne suis-je pas déja prêt à pleurer comme elle ?

COMÉDIE.

DAMIS, *à Francaleu.*

Eh ! laissez-vous aller à ce doux mouvement.

FRANCALEU, *à Damis.*

Pour Dorante où donc est votre ressentiment ?

DAMIS.

Souffrez que ma vengeance à ceci se termine.
(*Il tire une Lettre de sa poche.*)

FRANCALEU.

Le fils d'un chicaneur ardent à ma ruine....

DAMIS, *lui remettant la lettre ouverte.*

Non : voilà qui met fin à vos inimitiés.

SCENE XII ET DERNIERE.

LISETTE, LUCILE, DORANTE, FRANCALEU, DAMIS.

DORANTE, *se jettant aux genoux de Francaleu.*

Ecoutez-moi, Monsieur ; ou je meurs à vos pieds,
Après m'être vengé du plus méchant des hommes.
J'adore....

FRANCALEU, *à Damis.*

Songez-vous, Monsieur, où nous en sommes ?

DORANTE.

Vous & mon pere étiez grands amis autrefois.
Vous plaidez ; mais il va renoncer à ses droits.
Oui, je cours me jetter à ses pieds, comme aux
   vôtres ;
Faire, à vos intérêts, immoler tous les nôtres ;
Vous réunir tous deux, tous deux vous émouvoir,
Ou me laisser aller à tout mon désespoir.
(*A Damis, se relevant.*)
D'une ou d'autre façon, tu n'auras pas la gloire,
Traître, de couronner la méchanceté noire
Qui t'a fait à mon pere écrire....

DAMIS, *à Dorante.*

      Ce qu'il faut.
Monsieur tient la réponse ; & peut lire tout haut.

FRANCALEU *lit.*

« Aux traits dont vous peignez la charmante Lucile,
» Je ne suis pas surpris de l'amour de mon fils.
» Par son Médiateur, il est des mieux servis :
» Et vous plaidez sa cause en Orateur habile.
» La rigueur, il est vrai, seroit très-inutile ;
  » Et je défere à vos avis
» Reste à lui faire avoir cette Beauté qu'il aime.
  » Il n'aura que trop mon aveu :
  » Celui de Monsieur Francaleu
  » Puisse-t-il s'obtenir de même !
» Parlez, pressez, priez. Je desire à l'excès
» Que sa fille, aujourd'hui, termine nos procès ;
» Et que le don d'un fils qu'un tel ami protege,
  » Entre nous deux renouvelle à jamais
  » La vieille amitié de Collége ».

      MÉTROPHILE.

COMÉDIE. 127

Maîtresse, amis, parens, puisque tout est pour vous;
Aimez donc bien Lucile, & soyez son Epoux.

DORANTE.
(A Lucile).

Ah Monsieur ! O mon pere ! Enfin je vous possede.

DAMIS.

Sans en moins estimer l'ami qui vous la cede ?

DORANTE.

Cher Damis ! Vous devez en effet m'en vouloir;
Et vous voyez un homme....

DAMIS.
Heureux.

DORANTE.
Au désespoir !

Je suis un monstre !

DAMIS.

Non ; mais, en termes honnêtes,
Amoureux & François ; voilà ce que vous êtes.

DORANTE, *aux autres.*

Un furieux, qui, plein d'un ridicule effroi,
Tandis qu'il agissoit si noblement pour moi,
Impitoyablement ai fait siffler sa Piece.

DAMIS.

Quoi ?... Mais je m'en prends moins à vous qu'à la
    traîtresse
Qui vous a confié que j'en étois l'Auteur.
Je suis bien consolé, j'ai fait votre bonheur.

DORANTE.

J'ai demain, pour ma part, cent places retenues;
Et veux, après demain, vous faire aller aux nues.

DAMIS.

Non. J'appelle en Auteur soumis, mais peu craintif,
Du Parterre en tumulte, au Parterre attentif.
Qu'un si frivole soin ne trouble pas la fête.
Ne songez qu'aux plaisirs que l'Hymen vous apprête.
Vous à qui cependant je consacre mes jours,
Muses, tenez-moi lieu de fortune & d'amours !

Fin du cinquième & dernier Acte.

―――――――――――――――――――――

L'Approbation & le Privilege se trouvent à la fin du dernier volume des Œuvres de M. Piron.

CATALOGUE GÉNÉRAL

DES THÉATRES.

Théatre de M. de Voltaire, 7 vol. *in-12*, 21 livres.
Œuvres de M. Piron, 3 vol. *in-12*, belles figures, 9 l.
—de Marivaux, Théâtre François & Italien, *in-12*, 7 vol. 21 l.
—de Pannard, en 4 vol. *in-12*, 12 l.
—& Œuvres de Fagan, 4 vol. *in-12*, 12 l.
—de Philippe Poisson, 2 vol. *in 12*, 5 l.
—de M. Diderot, 2 vol. *in-12*, 5 l.
—de Boindin, 2 vol. *in 12*, 5 l.
—de Palissot, 3 vol. *in-12*, 7 l. 10 f.
—de M. de V***, *in-12*, 3 l.
—de Madame de Graffigny, *in-12*, 3 l.
—de la Noue, 1 vol. *in-12*, 3 l.
—de Duché, ou Trag. saintes, 1 vol. *in-12*, 3 l.
—de l'Affichard, 1 vol. *in-12*, 2 l. 10 f.
—d'un inconnu, 1 vol. *in-12*, 2 l. 10 f.
—de la Motte, 1 vol. *in-12*, 3 l.
—de Delaunay, 1 vol. *in-12*, 3 l.
—de Guyot de Merville, *in-12*, 3 vol. 7 l. 10 f.
—de M. Colardeau, 1 vol. 3 l.
—de M. le Franc, 4 vol. 8 l.
—de M. Moissy, 1 vol. *in-12*, 3 l.
—de M. Châteaubrun, *in-12*, 3 l.
—des Boulevards, ou les Parades, 3 vol. 7 l. 10 f.
—d'Apostolo-Zéno, traduit de l'Italien, 2 vol. *in-12*, 5 l.

—Bourgeois, Pièces Bourgeoises, *in*-12, 3 livres.
—de la Grange, *in*-8, 3 l.
—de Romagnési, 5 l.
—d'Avisse, 1 vol. *in*-8, 3 l.
—de Boissi, *in*-8, 9 vol. nouvelle édit. 36 l.
—de Pesselier, 5 l.
—de Campagne, Recueil de Parades, *in*-8, 5 l.
—de M. Favart, avec figures & Musique, 40 l.
—de Vadé, avec les airs notés, 4 vol. *in*-8, 20 l.
—de M. Anseaume, 3 vol. *in*-8, avec les
    airs notés, 15 l.
—de Poinsinet, 2 vol. *in*-8, Musique, 10 l.
Nouveau Théâtre Franç. & Ital. 8 vol. *in*-8, 40 l.
Ancien Théâtre de la Foire, 10 vol. *in*-12, 30 l.
Nouveau Théâtre de la Foire, 4 vol *in*-8, 20 l.
Supplément aux Parodies du Théâtre Ita-
    lien, 3 vol. *in*-8, 15 l.

Œuvres de P. Corneille, 10 vol. *in*-12, 20 l.
—de T. Corneille, 9 vol. *in*-12, 18 l.
—Chef-d'œuvres de P. & Th. Corneille,
    3 vol. grand *in*-12, 9 l.
Chef-d'œuvres Dramatiques des plus célè-
    bres Auteurs, pour servir de suite à ceux
    de Corneille, sous presse.
—de Racine, 3 vol. *in*-12, 6 l. 15 s.
—Les mêmes, *in*-4, 3 vol. 60 l.
—de Crébillon, 3 vol. *in*-12, 6 l. 15 s.
—de Campistron, 3 vol. *in*-12, 7 l. 10 s.
—de Moliere, 8 vol. *in*-12, 16 l.
—Les mêmes, *in*-4, 4 vol. 120 l.
—de Regnard, 4 vol. *in*-12, 9 l.
—de Dancourt, 12 vol. 24 l.
—de la Grange Chancel, 5 vol. *in*-12, 10 l.
—de Destouches, 10 vol. *in*-12, 20 l.
—de la Chaussée, 5 vol. *in*-12, 10 l.

—de Baron, 3 vol. *in* 12,
—de M. de Saintfoix, 4 vol. *in*-12,
—de Champmeflé, 2 vol. *in*-12, 5 l.
—de Pradon, 2 vol. *in*-12, 5 l.
—de la Foſſe, 2 vol. *in*-12, 4 l.
—de la Fond, 1 vol. *in*-12, 2 l. 10 ſ.
—de Poiſſon pere, 2 vol. *in*-12. ſous preſſe, 5 l.
—de la Thuillerie, 1 vol. *in*-12, 2 l. 10 ſ.
—de M. Greſſet, 2 vol. *in*-12, 5 l.
—de Bourſaut, 3 vol. *in*-12, 9 l.
—de le Grand, 4 vol. *in*-12, 12 l.
—d'Hauteroche, 3 vol. *in*-12, 9 l.
—de Montfleury, 3 volumes *in*-12, 9 l.
—de Quinault, 5 vol. *in*-12, 12 l. 10 ſ.
—de Morand, 3 vol. *in*-12, 9 l.
—de le Sage, 2 vol. *in*-12, 5 l.
—de Dufrény, 4 vol. *in*-12, 12 l.
—de Barbier, 1 vol. *in*-12, 2 l. 10 ſ.
—d'Autereau, 4 vol. *in*-12, 10 l.
—de l'Abbé Nadal, 3 vol. *in*-12, 7 l. 10 ſ.
—de Danchet, 4 vol *in*-8, 12 l.
— de la Fontaine, 4 vol. 8 l.
—de Brueys & Palaprat, 5 vol. *in*-12, 10 l.
—de Rouſſeau, 5 vol. *in*-12, 10 l.

Théâtre de Société, par M. Collé, 10 l.
Théâtre François, Pièces de l'ancien Théâ-
  tre, *in*-12, 12 vol. 36 l.
Théâtre Italien de M. Ghérardi, 6 volu-
  mes *in*-12, 18 l.
Théâtre Italien, depuis ſon rétabliſſement,
  10 vol. *in*-12, 25 l.
Les Parodies dudit Théâtre, 4 vol. *in*-12, 12 l.
Théâtre des Grecs, 6 vol. *in*-12, 18 l.
Œuvres de Plaute, 10 vol. *in*-12, 30 l.
Les Spectacles de Paris, ou le Calendrier

...que & Chronologique de tous les Théâtres, 28 Parties; chaque Partie se vend séparément, 1 l. 4 f.
La 29 Partie est sous presse.

Œuvres de Pope, ornées de 18 belles fig. 8 vol. *in-8. broch.* 48 l.
En papier d'Hollande, *broch.* 96 l.
Œuvres de Saint-Foix, 6 vol. *in-8. fig.* 36 l.
Œuvres de Colardeau, 2 vol. *in-8. fig. rel.* 24 l.
Les mêmes, 2 vol. *petit in-8.* 6 l.
Les Chef-d'Œuvres Dramatiques de Voltaire, 3 vol. *in-12.* ornés de figures, *rel.* 9 l.

De l'Imprimerie de la veuve SIMON & FILS, Imprimeur-Libraires de LL. AA. SS. Messeigneurs le Prince de CONDÉ & le Duc de BOURBON, rue des Mathurins.

www.ingramcontent.com/pod-product-compliance
Lightning Source LLC
Chambersburg PA
CBHW060200100426
42744CB00007B/1107